KB203481

산
사
의 향
기

산사의 향기

혜성 글

운주사

실상의 고향으로 돌아가는 길

업장 덩어리 이 몸으로써 묘법을 만난 것은
돌을 주고 금덩어리를 얻은 것과 같아
받기 힘든 인간의 몸을 받아 자부慈父의 금언金言을
받아지녔으니 밥값은 한 셈이라.

실상의 본 고향으로 돌아가려 하나
무명無明 안개가 자욱하여 분간하기 어렵네.
홀연히 지혜의 바람이 불어와 안개구름 걷어가니,
서있는 당처가 실상의 고향이네.

여래의 품속에서 왔다가
여래의 품속에서 노닐다가
여래의 품속으로 돌아가니
무슨 여한이 있으리오.

누가 이런 도리를 묻는다면
그만 그만두어라. 말하지 말지니라.
이 법은 가히 보일 수도 없고
말과 형상이 적멸이니 어찌 입을 열리요,

이 양약을 여기에 놓아둘 테니
너희가 가져다 먹어라.
차도가 나지 않을까 걱정하지 말아라.
독한 병은 반드시 나으리라.
다시는 중생의 병에 걸리지 않으리라.
반드시 안개구름이 걷혀
실상의 고향으로 돌아가는 길을 스스로 알게 되리라.

나무묘법연화경 나무묘법연화경 나무묘법연화경
영산회상불보살 영산회상불보살 영산회상불보살

                                            갑오년 봄날
                                            혜성 합장

산사의
향기

산사의
향기

산사의
향기

산사의 향기

산사의 법련 향기가 두루 가득하여
모두가 안온하고 행복해졌으면 좋겠습니다.

백련의 향기가 두루 가득하여
모두가 가슴을 열고 하나가 되었으면 좋겠습니다.

법련의 향기가 두루 가득하여
모든 갈등은 사라지고
마음의 평안을 얻어
축복된 나날이 되었으면 좋겠습니다.

백련의 법의 향기가 두루 가득하여
모두가 고통과 어려움에서 벗어나
해탈을 얻었으면 좋겠습니다.

실상의 고향으로 돌아가려 한다

실상의 고향으로 돌아가려 하나
운무가 자욱하여 분간하기 어렵도다.
홀연히 지혜의 바람이 불어와
무명운무를 걷어가니
서있는 당처가 실상의 고향이로다.

이제 다시 새삼스럽게
무엇을 얻고 깨닫겠는가.
다만 허망함을 여의면
어제의 내가 오늘의 나로다.
얻을래야 얻을 것도 없고
잃을래야 잃을 것도 없느니라.
항상 저절로 열반의 모습이로다.

홀로 가라

소리에 놀라지 않는 사자 같이
그물에 걸리지 않는 바람 같이
오염된 물에 때묻지 않는 연꽃 같이
코뿔소의 외뿔처럼 홀로 가라.
_코뿔소의 외뿔의 경에서

혼자 왔다 혼자 가는 것이 인생길이다.
수행자의 길을 누가 대신할 수 없다.
오로지 자신의 갈 길을 자신이 닦아
묵묵히 수행할 뿐이다.

누가 나 대신 밥을 먹어줄 수 없고
나 대신 아파줄 자 아무도 없다.

오로지 혼자 왔다 혼자 갈 뿐이다.
코뿔소의 외뿔처럼……

스님네의 옷

더러운 때를 버리지 못하면서
가사(kasaya)를 입으려 할지라도
절제와 진실이 없기 때문에
그는 가사를 입을 자격이 없다.

더러운 때를 씻어버리고
계행을 잘 지키며
절제와 진실을 지닌 사람은
가사를 입어서 어울리는 자격자이다.

_ 법구경 쌍서품

여기서 더러운 때란 온갖 번뇌를 말씀함이며
가사袈裟는 스님네가 입는 옷으로, 분소의糞掃衣라고도 한다.

스님네는 삼의三衣가 있는데
첫째, 승가리 = 대의라고도 하며 탁발할 때, 외출할 때 입는 승복이다.
둘째, 울다라승 = 상의라고도 하며 예배, 청강, 포살 등을 할 때 입는 옷이
다.
셋째, 안타회 = 중의라고도 하고 작업복과 잠옷을 겸한 막옷이다.

코뿔소의 뿔처럼 혼자 가라

만일 그대가 지혜롭고
성실하고 예의바르고
현명한 동반자를 얻었다면
어떠한 어려움도 극복하리라.
기쁜 마음으로 생각을 가다듬고
지혜 있는 자와 함께 가라.

그러나 만일 그대가 지혜롭고
성실하고 예의바르고
현명한 동반자를 얻지 못했다면
마치 왕이 정복했던 나라를 버리고 가듯
코뿔소의 뿔처럼 혼자 가라.

지혜 있는 자와 함께 있는 인생길은
우선 두려움이 없다.
크게 의지할 바가 되어 항상 마음 든든하다.
수행자는 지혜 있는 선지식을 만나는 것이 시급한 일이다.
만약 지혜 있는 이를 얻지 못했거든
차라리 코뿔소의 뿔처럼 혼자 가라고 하신 부처님 말씀이다.

진실

진실을 거짓이라 생각하고
거짓을 진실이라 생각하는 사람은
이 그릇된 소견 때문에
끝내 진실에 도달할 수 없다.

진실을 진실인 줄 알고
진실 아닌 것을 아닌 줄 알면
이런 사람은 그 바른 생각 때문에
마침내 진실에 이를 수 있다.
_ 법구경 쌍서품

　삿된 소견 가진 사람이
　금을 아무리 돌이라 해도
　금은 금일 뿐입니다.

　다시 돌을 아무리 금이라 해도
　돌은 돌일 뿐입니다.

　진리를 아무리 진리가 아니라 해도

진리는 진리일 뿐입니다.

또 진실이 아닌 것을 아무리 진실이라 해도
진실이 아닌 것은 진실이 아닐 뿐입니다.

유화질직자가 되거라

유화질직자柔和質直者란 어떤 난간과 고통스런 환경에서도 자신의 뜻을 굽히지 않고, 부드럽고 온화하며 마음의 바탕이 곧은 사람이다.
법화행자는 바로 유화질직자가 되어야 한다.
상불경보살품에 등장하는 상불경보살은 만나는 사람들에게 말하기를, "나는 당신들을 가벼이 여기지 않습니다. 여러분은 보살도를 행하여 성불할 것입니다."라고 하였다. 이 말을 들은 사람들이 상불경보살의 말을 믿지 않고 욕하면서 헐뜯어 비방하고 기와나 돌을 던지자 멀리 피하여 오히려 큰 소리로 외치기를, "당신들은 보살도를 닦아 반드시 성불할 것입니다."라고 하였다.
이렇게 자신의 뜻을 굽히지 않고 자신을 욕하고 때릴지라도 맞서지 않고 부드럽고 온화하면서도 바탕이 곧은 사람을 유화질직자라 한다.
일련대사는 외딴섬으로 유배를 가고 참수를 당하여 목숨을 잃을 지경에서도 법화행자로서 죽는 것을 오히려 감사하게 여기고 받아들이면서 '법화행자는 여러 가지 고통과 훼방이 따르니, 나도 이제 법화행자가 되었도다.' 하고 기쁘게 받아들이는 유화질직자가 아니었던가.

권지품에서 보살들이 원을 세우기를,
"저희들은 부처님을 공경하고 믿으므로 마땅히 인욕의 갑옷을 입고,

이 경을 설하기 위한 까닭으로 이 모든 어려운 일을 참으며, 저희들은 신명을 아끼지 않고 다만 무상도를 아끼오리다."
경전의 말씀이 이러하거늘,
법화행자가 작은 아픔을 피하여 달아난다면 어찌 보살이라 하리오.
오늘의 눈물이 내일의 진주가 될 수 있음을 왜 잊었는가.
오늘의 고통이 내일의 도를 이루는 동력이 되거늘 왜 피하려 하느냐.
오늘의 훼방과 욕설과 비방은 생사를 뛰어넘는 계단이 되리라. 도망가지 말라.
모래와 자갈은 작은 물에도 떠내려가지만 반석은 비바람에 움직이지 않는 법!

유화질직자가 되거라.
나를 버려라. 그리고 바보가 되거라.
옳은 법화행자 치고 아프지 않은 자 그 누구 있었으며,
눈물을 흘리지 않은 자 그 누구 있었으며,
비방과 훼방을 받지 않은 자 그 누구였던가.

유화질직자가 되거라.
나를 버려라. 그리고 바보가 되거라.
때에야 비로소 대자유인이 되리라.
공중에 바람이 걸림이 없듯이
칭찬에 우쭐하고 비방에 불끈하는 마음으로
어찌 도를 이루리오.

오고가는 인연을 누가 막으리오마는
금생에 이 몸을 제도하지 못한다면
또 어느 생에 인간의 몸을 받아 이 거룩한 법을 만나리오.
인생은 짧도다. 눈 깜짝할 사이에 지나가는 것,
나오는 숨이 들어오는 숨을 기다리지 않도다.

유화질직자가 되거라.
아상을 버려라. 그리고 바보가 되거라.
아픔도 기쁨도 모두 지나가는 바람이니라.
칭찬에도 비방에도 그냥 여여如如하거라.
법화행자를 비방하면 사실이거나 사실이 아니거나
백라병에 걸리리라.

유화질직자가 되거라.
나를 버려라. 그리고 바보가 되거라.
나를 가장 아프게 한 그 놈이 내일에 큰 스승이니라.
피하지도 말고 맞서지도 말라.
물이나 공기와 같이 부드러워지면 칼로도 벨 수 없느니라.

근기와 신심의 차이로 말미암아
이런저런 말들이 있지마는 펑계에 불과함이라.
모든 해답은 자신에게 있느니라.
답을 밖에서 구하지 말라.

살생을 하지 말라

내가 죽음을 싫어하는 것처럼
생명을 지닌 모든 것들은 죽음을 싫어한다.

수행자는 자신의 생명을 잃게 되더라도
남의 생명을 빼앗아서는 안 된다.

이와 같이 살생하지 않아야만
진리에 도달할 수 있다.

그러므로 생명이 존재하는 모든 것들에게
항상 사랑과 불쌍히 여기는 마음을 베푼다면
두려움은 사라질 것이다.

_ 대방편불보은경에서

지옥에 들어가는 여섯 가지 원인

첫째는 술을 좋아하기 때문이요,
둘째는 남의 여인을 탐하기 때문이요,
셋째는 도박에 빠지기 때문이요,
넷째는 방탕하기 때문이요,
다섯째는 나쁜 벗과 어울리기 때문이요,
여섯째는 게으름을 피우기 때문이다.
_ *선생자경에서*

불법의 기본 계율인 오계에서도 술을 먹지 말라고 한다.
술은 지혜의 싹을 끊는 요인이다.
자신을 암흑의 세계로 끌고 가는 요인이 술인 것이다.

남의 여인을 탐하면 모든 고통을 불러들임이 되어
온갖 고통과 번뇌와 장애를 받게 되고
시간과 재물을 탕진하게 된다.

도박은 사람을 망가뜨리는 요인이 된다.
부지런히 일을 하여 그 대가로 생활해야 하는데도
노력하지 않고 남의 재물을 넘보기 때문에 도박을 하게 된다.

또 생활함이 반듯하지 못하고
술과 도박 혹은 마약 등으로 방탕한 생활은
자신을 고통 속으로 빠뜨리고 식솔 및 주위 사람까지
고통 속에 빠뜨리는 악업을 짓게 된다.

나쁜 벗과 어울리지 말라 함은
자신을 바른 쪽으로 인도하지 못하는 악한 벗이라면
차라리 무소뿔처럼 혼자 가라는 말씀이 있다.
벗을 잘못 만나 불법을 파하고 악도에 떨어지는 경우는 얼마든지 있다.

끝으로 게으름을 피우지 말라 함은
게으르고 나태함으로 이 세상 이룰 것은 아무것도 없다.
방일하고 나태하며 게으름을 가지고는 성공할 수 없다는 말씀이다.

진리대로 실천 수행이 중요

아무리 경전을 많이 외울지라도
이를 실천하지 않는 방종한 사람은
남의 소를 세고 있는 소몰이꾼(牧牛者)과 같아서
참된 수행자의 축에 끼지 못한다.

경전을 조금밖에 외울 수 없더라도
진리대로 실천하고
탐욕과 분노와 어리석음에서 벗어나
바른 지혜와 해탈을 얻어
이 세상 저 세상에 얽매임이 없는 자는
사문의 대열에 끼일 수 있다.

_ 법구경 쌍서품雙叙品에서

　사문沙門의 자격은 경전에 대한 많은 지식에 있는 것이 아니라
　실천이 중요함을 강조하신 항목입니다.

　많이 알고도 실천 행동이 없으면
　사람은 오히려 사악해질 수 있습니다.
　'내가 얼마나 아는데' 하고 아만심을 갖게 됩니다.

그러나 조금밖에 알지 못하더라도
실천 행동이 있는 곳에
생명이 있고 덕목이 쌓이고
광명이 있고 지혜가 일어나고 향기가 있는 것입니다.

따라서 불교는 아는 데 있지 않고
실천 행동에 있습니다.

세 살에 알기는 쉬워도
팔십에도 행동으로 옮기기는 어렵다 합니다.

수행이란 실천 행동에 있는 것입니다.

마음가짐 따라

사람의 마음은 존경에 의해 교만해지기도 하고
분노에 의해 비겁해지기도 한다.

마음은 도둑처럼 모든 선행을 훔쳐간다.
마음은 불에 날아드는 불나방처럼
황홀한 빛깔을 좋아한다.

마음은 싸움터의 요란한 북처럼
아름다운 소리를 좋아한다.

마음은 썩은 시체를 탐내는 멧돼지처럼
썩은 냄새를 좋아한다.

마음은 음식을 보고 침을 흘리는 개처럼
달콤한 맛을 좋아한다.

마음은 기름 접시에 달라붙은 파리처럼
부드러운 감촉을 좋아한다.

마음의 형태는 알 수 없다.

마음은 환상과 같아
허망한 분별에 의해 가지가지 형태로 나타난다.

마음은 바람과 같아
붙잡을 수도 없고 모양도 볼 수 없다.

마음은 흐르는 강물과 같아
멈추지 않고 흘러 사라진다.

마음은 불꽃과 같아
인因과 연緣이 닿으면 타오른다.

마음은 번개와 같아
잠시도 머무르지 않고 순간순간 소멸한다.

마음은 허공과 같아
뜻밖의 연기로 더럽혀진다.

마음은 원숭이와 같아
잠시도 그대로 있지 못하고 시시각각 움직인다.

마음은 그림을 그리는 화가와 같아
온갖 모양을 나타낸다.

_보적경에서

마음을 가벼이 움직이지 말라

행동은 마음으로부터 비롯되고
마음은 외부의 환경으로부터 움직이고
본래 인간의 마음에는 선악이 따로 없으나
오로지 외부의 조건과 환경에 의해서
선악이 일어날 뿐이다.
그러므로 어떠한 환경을 만날지라도
그 마음 흔들리지 않도록 하는 것이 중요하다.
_ 정법안장에서

바람 따라 낙엽이 구르듯
환경 변화에 의하여 움직이는 것이 사람의 마음이다.
그러나 수행자는 그 마음 움직이지 않기를 수미산과 같이 해야 한다.

선악의 업은 그대를 따르리

죽음이 찾아오면
그대와 함께할 수 있는 동반자는 아무도 없다.
떼를 지어 잠을 자는 새들도
아침이 되면 각자 흩어지듯
그대 또한 사랑하는 자식과 아내와
남편과 친족들과 헤어져 혼자 저 세상을 간다.
오직 끝까지 그대를 따르는 것은
그대가 지은 선악의 업뿐이다.
_ 정법안장에서

몸에 그림자가 따르듯
저마다 지은 업은
그대를 끝까지 따르리라.
흔히 빈손으로 왔다 빈손으로 간다 하지만
저마다 지은 선악의 업은 그대를 따르리.
가기 싫다고 지옥에 가지 않고
가고 싶다고 천상에 가는 것이 아니라
오로지 지은 업에 의하여 결정되는 것이다.

더없는 행복

어리석은 사람들을 가까이 하지 말고
어진 이와 가깝게 지내며
존경할 만한 사람을 존경하는 것
이것이 더없는 행복이다.

분수에 알맞은 곳에 살고
일찍이 공덕을 쌓고 스스로 바른 서원을 하는 것
이것이 더없는 행복이다.

남에게 베풀고 이치에 맞게 행동하며
적을 사랑하고 보호하는 것
비난을 받지 않게 처신하는 것
이것이 더없는 행복이다.

악을 싫어해 멀리하고
술을 절제하고
덕행을 소홀히 하지 않는 것
이것이 더없는 행복이다.

인내하고 온화하게 말하고

수행자를 만나고
때로는 진리에 대한 가르침을 받는 것
이것이 더없는 행복이다.

수행하고 깨끗한 행동을 하고
거룩한 진리를 깨닫고
열반의 경지를 실현하는 것
이것이 더없는 행복이다.

세상일에 부딪혀도
마음이 흔들리지 않고
걱정과 티가 없이 편안한 것
이것이 더없는 행복이다.

이러한 일을 한다면
어떤 일이 닥쳐도 실패하지 않는다.
어느 곳에서나 행복할 수 있다.
이것이 더없는 행복이다.

_ 숫타니파타, 더없는 행복에서

성인

모든 집착이 일어나는 곳을 알아
아무것도 바라지 않고
탐욕을 떠나 욕심이 없는 성인聖人은
무엇을 하려고 따로 구하지 않는다.
그는 이미 절대 평화의 세계에 도달했기 때문이다.

지혜의 힘이 있고 계율과 맹세를 잘 지키고
마음이 한 곳으로 집중되어 있고 명상을 즐기며
생각이 깊고 집착에서 벗어나 거칠지 않고
번뇌의 때가 묻지 않은 사람
현자賢者는 그를 성인으로 안다.

홀로 걸어가고 게으르지 않으며
비난과 칭찬에도 흔들리지 않고
소리에 놀라지 않는 사자처럼
그물에 걸리지 않는 바람처럼
진흙에 더럽히지 않는 연꽃처럼
남에게 이끌리지 않고 남을 이끄는 사람
현자들은 그를 성인으로 안다.

남들이 입에 침이 마르도록
칭찬하거나 욕을 하더라도
목욕하는 강가의 기둥처럼 태연하고
육체의 욕망을 떠나 모든 감각을 잘 다스리는 사람
현자들은 그를 성인으로 안다.

_ 숫타니파타에서

작은 악 작은 선

이것은 별거 아니겠지
이런 생각으로 조그만 악이라도 소홀히 하지 말라.
저 물방울이 모이고 모여 마침내 큰 항아리를 가득 채우듯
어리석은 이는 조그만 악을 소홀히 하여
그 결과로 마침내 큰 재앙을 불러들인다.

이것은 별거 아니겠지
이런 생각으로 조그만 선행이라도 소홀히 하지 말라.
저 물방울이 모이고 모여 마침내 큰 항아리를 가득 채우듯
지혜 있는 이는 이런 조그만 행위라도 소홀히 하지 않아
그 결과로 마침내 크나큰 기쁨을 맛보게 된다.
_ 법구경에서_

작은 불씨가 큰 산을 태우게 되듯이
작은 악이 모여서 큰 공덕의 산을 일시에 태워버리게 되니,
삼가하라 작은 악이라도…

작은 솔씨가 마침내 아름드리 큰 소나무가 되듯이
작은 공덕이 모여 대성인이 되는 법이니

어찌 작은 악이라고 소홀히 하리오.
어찌 작은 선이라고 가벼이 하리오.

애욕과 탐욕

그대여! 번뇌에서 벗어나려거든
마땅히 욕심을 적게 가져라.
욕심이 적은 사람은 세상살이가 편안하고 즐겁지만
욕심이 많은 사람은 천상에서 살아도 괴로울 것이다.
욕심이 많은 사람은 부유해도 가난하지만
욕심이 적은 사람은 가난해도 부유하다.

욕심이 적은 사람은
남의 비위를 맞추고자 아부할 일도 없고
갖가지 욕망에 끌려 다닐 일도 없다.
욕심이 적은 사람은 언제나 마음이 평탄하여
근심 걱정과 두려움이 없다.
욕심이 적은 사람은 어떤 일을 당해도
항상 마음이 너그럽고 여유가 있다.
해탈은 욕심이 적은 사람에게 찾아오는 것이다.

고통의 근본은 탐욕입니다.
탐욕을 버리면 탐욕은 의지할 곳이 없습니다.
공중에 바람이 의지할 곳이 없듯이

탐욕이 있는 곳에 고통이 필연적으로 찾아오기 마련입니다.

탐욕과 고통은 항상 같이 하니까요.

탐욕을 버리면 마음에 안정과 행복과 고요함이 찾아옵니다.

스닷다 장자의 귀의불

스닷다여!
보시의 행은 생사해탈의 참된 원인임을 알아야 한다.
마치 사람들이 씨를 뿌려
이윽고 꽃이 피고 열매를 맺는 것과 같은 것이다.
보시라는 씨는 열반이라는 위대한 기쁨의 열매를 맺게 하는 것이다.
음식을 베풀 때는 단지 힘을 얻고
의복을 베풀 때는 고운 모양을 얻듯이
재산의 보시는 한정된 과보밖에 없는 것이다.
그러나 정사精舍를 세워 법보를 베풀 때는
모든 과보가 그 속에 갖추어지는 것이다.

오욕의 즐거움을 얻기 위한 목적으로 남에게 베풀거나
혹은 많은 재산을 구하기 위하여 베풀거나
혹은 자기의 이름을 내기 위하여 베풀거나
혹은 천상에 태어나서 즐거움을 누리기 위하여 베풀거나
혹은 가난의 괴로움을 벗어나기 위하여 베푸는 자가
세상에는 흔히 있으나
이것은 모두가 불순한 보시인 것이다.

그러므로 그대는 조금도 자기라는 것을 염두에 두는 일 없이

참으로 모든 생명을 사랑한다는 순정의 정신으로써
보시하는 것이 좋다.
이것이 보시 중에서는 최고의 것이다.
아무런 타산이 없이 넓고도 큰 정신으로써 보시하여
하루빨리 해탈의 길을 성취하도록 하라.
우치愚痴 애착의 망념이 때로는 사람을 사로잡더라도
깨끗한 깨달음의 눈은 머지않아 열릴 것이다 라고
석존은 장자에게
보시의 공덕이 뛰어난 것과 그 보시에 대한 주의 사항을 설법하셨다.

_ 석가세존 설법 중에서

더러움 (때)

녹이 쇠로부터 나와서 다시 그 쇠를 녹슬게 하듯이
악도 사람의 몸에서 나와 다시 그 몸을 망치게 한다.

행실이 옳지 못한 것은 마음의 때요,
물건을 탐하는 것은 보시의 때요,
악한 행동은 이 세상과 다음 세상의 때이다.

그러나 이러한 때보다도 더 심한 때는
무지無知와 어리석음의 때다.
이 무지의 때를 씻어버리지 않으면
영혼의 새벽은 오지 않는다.
_ 법구경에서

　녹은 쇠로부터 나와 쇠를 망가뜨리고
　악은 사람으로부터 나와 사람을 망가뜨린다.

　악이 쌓이면 지옥이 되고
　선이 쌓이면 부처가 되느니라.

그러나 악과 선은 둘이 아니니라.
모든 악과 선은 그 마음으로부터 나오기 때문이니라.

이러하므로 성인은 마음을 다스리고
범부는 경계에 끄달리느니라.
따라서 그 마음을 깨달아 아는 것이
가장 시급한 일이니라.

일곱 가지 종류의 아내

부처님께서 이르시기를
세상에는 일곱 가지 종류의 아내가 있다.

하나는 어머니 같은 아내요,
둘은 누이 같은 아내요,
셋은 친구 같은 아내요,
넷은 며느리 같은 아내요,
다섯은 하인 같은 아내요,
여섯은 원수 같은 아내요,
일곱은 생명을 앗아가는 아내다.

_ 옥야경에서

부처님께서 일곱 가지 아내의 유형을 설하시어 교만하기 짝이 없는
급고독장자의 며느리 옥야를 교화하시는 내용이다.

인내

인내는 분노를 이기고
선은 악을 이기고
은혜는 인색한 마음을 이기고
진실은 거짓을 이긴다.
욕하지도 않고 사납지도 않고
언제나 자비로운 마음을 갖는다면
비록 악한 사람이 욕을 한다 하더라도
바위처럼 흔들리지 않을 것이다.
유능한 마부가 거친 말을 잘 다루듯이
분노가 치솟아 올라올 때 그 분노를 잘 이겨내야 한다.

_ 아함경에서

본래 마음

마음은 맑고 깨끗하여 마치 허공과 같다.
그러나 그 허공에 구름이 덮혀 있으면
허공의 맑고 깨끗한 기운은 가려지게 된다.

모든 중생은 바르지 못한 생각으로 번뇌를 일으키고 있다.
사람의 마음도 허공과 같아서 비록 번뇌의 구름에 가려져 있다 해도
본래 청정하여 깨달음을 얻어 해탈할 수 있다.
_ 승사유범천소문경에서

모든 중생의 심성은 본래부터 맑고 깨끗하다.
구름이 하늘을 가릴 수 있어도 더럽힐 수는 없듯이
어떠한 번뇌도 사람이 가진 본래 성품을 흐리게 할 수 없다.
_ 대집경에서

　하늘이 있기에 구름이 놀다 가고
　놀다가는 구름 잡고 공연히 시비하네.
　지혜의 바람이 구름을 걷어가면
　청정한 하늘은 그대로 예 있네.

참괴

두 가지 착한 가르침이 있어 중생을 구제하나니,
첫째는 참慚이요, 둘째는 괴愧다.
참이란 스스로 죄를 짓지 않는 것이요,
괴란 남으로 하여금 죄를 짓지 않게 하는 것이다.

참이란 마음속으로 자신의 죄를 부끄러워하는 것이요,
괴란 자신의 죄를 남에게 고백하는 것이다.

참이란 사람에게 부끄러워함이요
괴란 하늘에 대하여 부끄러워함이다.
참괴慚愧가 없는 자는 수행자라 할 수 없다.

_ 열반경에서

미움과 원망

바람을 마주하여 먼지를 털면
그 먼지가 다시 자신에게로 돌아오듯이
미움을 미움으로 대하면
그 미움은 반드시 자신에게로 되돌아온다.

미워하는 사람 미움으로 대하는 사람은
그 누구든 재앙을 벗어날 수 없다.

원망을 원망으로 갚지 말라.
원망을 자비로 대하는 것이
그것이 원수를 항복시키는 유일한 길이다.

_ 잡아함경에서

인욕

노여워하지 않는 것이 인욕이요,
남을 해치지 않는 것이 인욕이요,
다투지 않는 것이 인욕이요,
살생하지 않는 것이 인욕이요,
자기 자신을 지키는 것이 인욕이요,
남을 지켜주는 것이 인욕이요,
탐욕을 제거하는 것이 인욕이요,
온갖 세속의 괴로움을 멀리하는 것이 인욕이다.

_보살장정법경에서

집착은 고통의 원인

집착하는 까닭에 탐심이 생기고
탐심이 생기는 까닭에 얽매이게 되며
얽매이는 까닭에 생로병사와 근심 슬픔 괴로움과 같은
가지가지 번뇌가 따르는 것이다.
_ 열반경에서

내 것이라는 집착하는 마음이
가지가지 괴로움을 일으키는 근본이 된다.
온갖 것에 대해 취하려는 생각을 갖지 않는다면
마음이 편안하여 마침내 근심이 없어지리라.
_ 화엄경에서

만약 어떤 중생이 괴로움의 근본을 알지 못하고
괴로움의 원인에 깊이 집착하여 잠시도 버리지 못하면
이들을 위하는 까닭으로 방편으로 도를 설하느니라.
모든 괴로움의 원인은 탐욕이 근본이 되거늘
만약 탐욕을 멸하면 의지할 곳이 없느니라.
_ 법화경에서

올바른 수행

지혜가 많고 번뇌의 강을 건너
피안에 도달하고 무여열반에 들어
마음이 평화로운 성인께 여쭙니다.

출가하여 여러 가지 욕망을 없앤 수행자는
어떻게 하여야 이 세상을 바르게 살아갈 수 있겠습니까?

스승께서 말씀하시되,
온갖 점치는 일이나 해몽 관상 보는 일을 완전히 버리고
길흉화복의 판단을 버린 수행자는
세상에서 바르게 살아갈 것이다.

수행자가 삶과 죽음을 초월하고 진리를 깨달아
인간계와 천상의 모든 향락에 대한 욕심을 버린다면
그는 세상을 바르게 살아갈 것이다.

수행자가 거짓말을 버리고 분노와 인색을 버리고
순리와 역리의 생각을 떠난다면
그는 세상에서 바르게 살아갈 것이다.

수행자가 좋아하는 것이나 좋아하지 않는 것이나 다 버리고
아무것에도 집착하거나 매이지 않고
온갖 속박에서 벗어난다면
그는 세상에서 바르게 살아갈 것이다.

인욕을 실천하라

분노를 가라앉히면
마음이 편안해지고 근심과 걱정이 없어진다.
분노는 독의 근본,
그래서 분노를 없애고 인욕을 실천하는 사람을
모든 성인이 칭찬할 것이다.

실로 이 세상에 있어서 원한을 원한으로 갚는다면
원한의 고리는 영원히 끊어지지 않을 것이다.
인욕만이 원한의 고리를 끊을 수 있다.

또한 원망은 원망에 의해 갚아지는 것이 아니다.
다만 잊어버림으로써 저절로 소멸되는 것이다.
이것이 변하지 않는 영원한 진리이다.

_ 잡아함경에서

무량심

남의 착한 점을 칭찬해 주고 허물을 숨겨 주어라.
남의 부끄러운 점은 감추어 주고 잘못은 말하지 말라.

작은 은혜라도 반드시 갚을 것을 생각하라.
자신을 원망하더라도 항상 착한 마음을 가져라.

자신을 원망하는 자와 칭찬하는 자가 똑같이 괴로워하거든
먼저 원망하는 자를 구원하라.

_우바새계경에서

바르게 살아갈 것이다

생존을 이루고 있는 요소 가운데
영원한 것은 없음을 알고 모든 집착과 탐욕을 버리며
얽매임이 없이 아무것에도 이끌리지 않는다면
그는 세상에서 바르게 살아갈 것이다.

수행자가 말과 생각과 행동이 거칠지 않고
바르게 법을 알아 열반의 경지를 구한다면
그는 세상에서 바르게 살아갈 것이다.

수행자가 사람들에게 존경을 받고 거만해하지 않고
욕을 먹더라도 마음에 두지 않으며
남에게서 대접을 받았다고 해서 교만해지지 않으면
그는 세상에서 바르게 살아갈 것이다.

수행자가 어떤 숨은 집착도 없고
악을 뿌리째 뽑아버리고
바라는 것도 구하는 것도 없다면
그는 바르게 세상에서 살아갈 것이다.

궁극의 경지를 알고 진리를 깨달아 번뇌의 때를 씻고

생존을 구성하는 모든 요소를 없애버린 까닭에
그는 바르게 세상에서 살아갈 것이다.

거룩하신 스승이시여, 참으로 그렇습니다.
그와 같이 생활하고 스스로 절제하는 수행자는
모든 속박에서 벗어난 것입니다.
그는 바르게 세상에서 살아갈 것입니다.

_숫타니파타에서

인법일여 人法一如

이 대승경전은 모든 부처님의 보배창고이며
시방삼세 모든 부처님의 안목이며
삼세 모든 여래께서 출생하시는 종자이니
이 경을 지니는 자는 곧 부처님의 몸을 지님이며
곧 부처님의 일을 행함이니라.

마땅히 알지니라.
이 사람은 바로 모든 부처님께서 심부름시키신 바이며
모든 부처님 세존의 옷으로 덮은 바이며
모든 부처님 여래의 진실한 법의 아들이니라.

너는 대승을 행하여 법의 종자가 끊어지지 않게 하며
너는 지금 동방의 모든 부처님을 살펴 관할지니라.

_ 행법경에서

애착은 고통의 원인

사랑이 있는 곳에 괴로움이 생기고
사랑이 있는 곳에 두려움이 생긴다.
사랑을 두지 않으면 괴로움도 두려움도 없다.

사랑은 괴로움의 근본, 사랑은 미움의 뿌리
사랑하는 사람도 두지 말고
미워하는 사람도 두지 말라.

사랑하는 사람은 못 만나서 괴롭고
미워하는 사람은 만나서 괴롭다.

근심과 걱정 속에 착한 마음이 사라지나니
그러므로 진실로 자신을 사랑하거든
스스로 단속하여 악에 물들지 않게 하라.

_ 법집요송경에서

법신法身

불자여! 비유하면 허공과 같이 일체의 모양이 있는 곳이나
모양이 없는 곳이나 이르지 않는 곳이 없다.
왜냐하면 허공은 형체가 없고 색깔도 없다.
여래의 법신도 이와 같이 일체의 모든 장소나 국토나
일체의 법이나 중생에게 이르지 않는 곳이 없다.

법신은 과거 현재 미래의 삼세에 항상하며
시방법계에 편만하고 있기 때문에
어떤 사람도 이 법신 가운데 생존하고 있다.
아침에는 부처와 같이 일어나고
밤에는 부처를 껴안고 잠자고 있기 때문에
울 때도 웃을 때도 화날 때도 법신을 벗어날 수 없으나
다만 법신을 보지 못하고 체득하지 못할 뿐이다.

_ 화엄경 성기품에서

탐욕은 고통의 원인

탐욕스러운 사람은
많은 재물을 쌓아놓고도 만족할 줄 모른다.
어리석고 잘못된 생각으로
남의 것을 탐내고 빼앗으려고만 한다.
이런 사람은 살아서는 갖가지 괴로움을 만나고
죽어서는 지옥에 떨어지게 된다.
지혜 있는 사람은 만족할 줄 안다.
_ 니건자경에서

온갖 괴로움의 원인은 탐욕이다.
중생은 생각이 어리석어 탐욕을 즐거워한다.
그러나 지혜 있는 사람은
탐욕이 바로 괴로움인 줄 알기 때문에
탐욕을 수시로 끊어버린다.

탐욕을 채우려고 한다면
그것은 마치 목마를 때 소금물을 마시는 것과 같아
갈증만 더할 뿐이다.

그러므로 탐욕을 없앤다면
괴로움은 저절로 없어지게 될 것이다.

_ 성실론에서

보리심

선재동자가 51번째로 미륵보살을 찾아가 보살행에 필수적으로 갖추어야 할 마음의 준비가 무어냐고 물었을 때, 때묻지 않은 진실한 마음과 지혜가 중요하다고 보리심菩提心에 대하여 다음과 같이 말씀한다.

보리심은 모든 부처님의 종자種子이다.
모든 부처님의 법을 낳게 하므로

보리심은 대지大地이다.
이 세상을 받쳐주므로

보리심은 맑은 물이다.
온갖 번뇌의 고통을 씻어주므로

보리심은 큰 바람이다.
그 어떤 것에도 거리낌이 없으므로

보리심은 타오르는 불이다.
온갖 삿된 소견과 애욕을 태워버리므로

64

보리심은 맑은 햇살이다.
모든 중생을 남김없이 비추므로

보리심은 맑은 눈이다.
바르고 그릇된 길을 낱낱이 가려 보므로

보리심은 문이다.
모든 보살을 행에 들어가게 하므로

보리심은 인자한 어머니다.
보살을 기르고 감싸주므로

보리심은 큰 바다다.
온갖 공덕을 다 받아들이므로

보리심은 이와 같이 한량없는 공덕을 성취하고 그것은 또한
부처님과 보살의 공덕과 같다.
왜냐하면 보리심에 의해 보살의 행이 열리고
삼세의 모든 부처님께서 깨달음을 이루기 때문이다.

_ 화엄경에서

탐욕과 고통

어리석은 사람은
출세와 이익과 명예와 욕심 때문에 괴로워한다.
그러나 착한 사람은 탐욕이 없어
가는 곳마다 그 모습이 아름답다.
즐거움을 만나도 괴로움을 만나도
허둥대거나 슬퍼하지 않는다.

애욕은 마치 횃불을 잡고서
바람을 거슬러 달리는 것과 같아서
반드시 손을 태울 염려가 있다.
어리석은 사람은 자신의 탐욕에 얽매여
피안으로 건너지 못하고 있다.
탐욕은 자신을 해치고 남도 해친다.

_ 법구경에서

열 가지 나쁜 업(十不善業道)

열 가지 악업을 지은 과보로 삼악도에 떨어지게 된다.

1. 그중에서 살생한 죄로 지옥·축생·아귀에 떨어지고, 다시 인간에 태어나더라도 두 가지 과보를 받을 것이니, 하나는 단명하고 둘은 병이 많을 것이다.

2. 훔친 죄로 삼악도에 떨어지고 다시 인간에 태어나더라도 두 가지 과보를 받을 것이니, 하나는 가난하고 둘은 공동 재산뿐이므로 마음대로 쓸 수 없다.

3. 음란한 죄로 삼악도에 떨어지고 인간에 태어나더라도 두 가지 과보를 받을 것이니, 하나는 아내의 행실이 부정하고 둘은 마음에 드는 가족을 얻지 못할 것이다.

4. 거짓말한 죄로 삼악도에 떨어지고 인간에 태어나더라도 두 가지 과보를 받을 것이니, 하나는 비난을 많이 듣고 둘은 남에게 속게 될 것이다.

5. 이간질한 죄로 삼악도에 떨어지고 인간에 태어나더라도 두 가지 과보를 받을 것이니, 하나는 가족이 뿔뿔이 흩어지고 둘은 친척들

이 열악한 성질을 가진 자들뿐이리라.

6. 나쁜 말 한 죄로 삼악도에 떨어지고 인간에 태어나더라도 두 가지 과보를 받을 것이니, 하나는 항상 나쁜 소리를 듣고 둘은 다투는 일이 많을 것이다.

7. 번드르르한 말을 한 죄로 삼악도에 떨어지고 인간에 태어나더라도 두 가지 과보를 받을 것이니, 하나는 사람들이 자신의 말을 곧 이듣지 않고 둘은 말하는 음성이 분명치 못할 것이다.

8. 탐욕의 죄로 삼악도에 떨어지고 인간에 태어나더라도 두 가지 과보를 받을 것이니, 하나는 만족할 줄 모르고 둘은 욕심이 끝이 없을 것이다.

9. 성낸 죄로 삼악도에 떨어지고 인간에 태어나더라도 두 가지 과보를 받을 것이니, 하나는 옹졸하게 되고 둘은 남의 해를 받게 될 것이다.

10. 어리석은 소견을 가진 죄로 삼악도에 떨어지고 인간에 태어나더라도 두 가지 과보를 받을 것이니, 하나는 삿된 소견을 가진 집안에 태어나고 둘은 마음에 지혜가 없고 비뚤어질 것이다.

불자여!
이 열 가지 나쁜 업은 이와 같이 한량없는 큰 괴로움을 받게 되는 것이므로 보살은 이렇게 생각해야 한다.

'나는 열 가지 나쁜 길을 멀리 버리고 열 가지 선한 길로 법의 동산을 삼아 편안히 있으면서 나도 그 안에 머물고 남들도 거기에 머물도록 할 것이다.'

_화엄경 십지품에서

슬픔과 고통의 원인

애정으로부터 슬픔이 생기고
애정으로부터 고통이 생긴다.
그러나 애정으로부터 벗어나면
슬픔도 고통도 있을 수 없다.

쾌락으로부터 슬픔이 생기고
쾌락으로부터 고통이 생긴다.
그러나 쾌락으로부터 벗어나면
슬픔도 고통도 있을 수 없다.

욕망으로부터 슬픔이 생기고
욕망으로부터 고통이 생긴다.
그러나 욕망으로부터 벗어나면
슬픔도 고통도 있을 수 없다.

갈망으로부터 슬픔이 생기고
갈망으로부터 두려움이 생긴다.
그러나 갈망으로부터 벗어나면
슬픔도 두려움도 있을 수 없다.
  _ 법구경에서

생활의 지혜

지나치게 인색하지 말고
성내거나 질투하지 말라.

이기심을 채우려고 정의를 등지지 말고
그리고 원망을 원망으로 갚지 말라.

위험에 직면하여 두려워하지 말고
이익을 위하여 남을 모함하지 말라.

쓸데없는 용기를 부려 만용하지 말고
허약하여 비겁하지 말며
지혜롭게 중도中道의 길을 가라.

이것이 지혜로운 이의 모습이다.

_ 잡보장경에서

음욕

모든 중생은 음욕 때문에 생사에 윤회한다.
음욕은 애정을 일으키고 애정은 생사를 일으킨다.
음욕은 사랑에서 오고 생명은 음욕에서 싹튼다.
음욕 때문에 마음에 거스름이 생기고
미움과 질투심을 일으켜 온갖 악업을 짓는다.
그러므로 누구라도 고통의 생사윤회에서 벗어나려면
먼저 탐욕을 끊고 애정의 갈증에서 벗어나야 한다.

_ 원각경에서

✿

애욕은 마치 햇불을 잡고서 바람을 거슬러 달리는 것과 같아서
반드시 손을 태울 염려가 있다.
어리석은 사람은 자기 자신을 탐욕으로 얽어매어
깨달음의 저 언덕을 건너지 못하게 한다.
탐욕은 남을 해치고 자신도 해친다.

_ 법구경에서

여래출현품如來出現品

불자들이여! 여래의 지혜는 이르지 못한 데가 없다.
한 중생도 여래의 지혜를 갖추지 않은 이가 없지마는
허망한 생각과 뒤바뀐 집착 때문에 스스로 깨닫지 못한다.
만약 허망한 생각을 버리기만 한다면
일체지와 자연지와 무애지無礙智가 곧 앞에 나타날 것이다.
여래의 지혜도 그와 같아서 한량없고 걸림이 없어서
일체 중생을 두루 이롭게 하는 것이 중생의 몸속에 갖추고 있지만
어리석은 자의 허망한 생각과 집착 때문에
알지 못하고 깨닫지 못하며 이익을 얻지 못하느니라.

참으로 기이하다. 중생들이 여래의 지혜를 갖추고 있으면서도
어찌하여 어리석고 미혹하여 알지도 못하고 보지도 못할까.
내가 마땅히 성인의 도로써 허망한 생각과 집착을 깊이 여의고
자신의 몸 속에 여래의 광대한 지혜가
부처님과 다름이 없음을 보게 하리라.
그리하여 곧 중생들에게 성인의 도를 닦아
허망한 생각을 버리게 하고
여래의 한량없는 지혜를 얻어 일체 중생을 이익되고 안락케 하리라.

_화엄경에서

73

욕망과 고통

정욕보다 더한 불길은 없고
성냄보다 더한 포박은 없으며
어리석음보다 더한 그물은 없고
망집보다 더한 강물은 없다.

방종한 자의 욕망은
칡덩굴처럼 무성하게 자란다.
숲속에서 열매를 찾아나선 원숭이처럼
이승에서 저승으로 끝없이 헤맨다.

_ 법구경에서

더러움

독경하지 않으면 경전에 때가 묻고
수리하지 않으면 집에 때가 묻으며
옷차림을 게을리하면 용모가 때묻고
방일하면 수행자가 때묻는다.

그러나 이런 더러운 때 중에서도
가장 더러운 때는 무명無明이니
수행승들이여! 이 더러운 때를 씻어
때가 없는 청정한 사람이 되라.

_ 법구경에서

실상참회 實相懺悔

일체업장해 一切業障海　개종망상생 皆從妄想生
약욕참회자 若欲懺悔者　단좌념실상 端坐念實相
중죄여상로 衆罪如霜露　혜일능소제 慧日能消除

일체 업장의 바다는 모두 망령된 생각으로 좇아나느니,
만약 참회하고자 하는 자는 단정히 앉아 실상을 염할지니라.
모든 죄는 서리와 이슬 같아서 지혜의 해로 능히 녹여 없애느니라,

그 어떤 중생이 밤낮 여섯 때로
시방 부처님께 예배하고 대승경을 외우고
실상의 뜻인 심히 깊은 공空한 법을 깊이 생각하면
손가락을 한 번 튕길 잠깐 사이에
백만억 아승지 겁의 생사의 죄가 없어져 소멸되느니라.

_ 행법경에서

석가 세존의 설법

인생의 참다운 즐거움은 오로지 정법을 즐기는 데 있는 것이다.
재물이나 용색(얼굴의 아름다움)은 결코 영원한 보배가 아니며
다만 정법만이 영원한 보배인 것이다.

건강을 자랑하더라도 언젠가는 병으로 그 몸은 허물어지고
소년 청년 장년 노년으로 차차 변하여
백년의 홍안紅顔을 가지기는 어려운 일이다.
끝내 죽음의 왕으로 인하여 그 생명을 잃게 된다.

모든 행위는 마음에 맡기는 것이 아니다.
아무리 깊이 사랑하는 사람이라도
헤어지지 않으면 안 될 때가 오기도 하고
밉고 원망스러운 자와 헤어지고 싶어도 헤어질 수 없어 괴로워하고
스스로가 바라는 것은 한 가지도 이루어지지 않는 일이
말하자면 팔고八苦가 다가오고 있는 것이다.

세상에 그 어느 것도 사람의 마음에 따르는 것은 없다.
다만 정법만이 마음을 따르는 것이다.

_ 안바바리를 위한 설법, 기초경전에서

한량없는 깨달음

보살마하살은 자신의 마음에 순간마다 항상 부처가 있어
바른 깨달음을 이루는 것을 알아야 한다.
왜냐하면 부처님 여래는 이 마음을 떠나지 않고
바른 깨달음을 이루기 때문이며
자신의 마음과 같이 모든 중생의 마음도 그와 같아서
다 여래가 있어 바른 깨달음을 이룬다.
넓고 크고 두루하여 있지 않은 데가 없으며
떠나지 않고 끊이지 않아 헤아릴 수 없는
방편 법문에 들어간다.
보살마하살은 마땅히 이와 같이
여래가 바른 깨달음을 이루는 것을 알아야 한다.

화엄경 여래출현품에서

십지보살

십지보살十地菩薩이 대원을 발해서 이 마음을 얻는데

첫째: 남을 이롭게 하는 마음이며

둘째: 유연하고 부드러운 마음이며

셋째: 남을 수순隨順하여 주는 마음이며

넷째: 적정심寂靜心이니, 고요한 마음이요

다섯째: 조복심調伏心이니, 나쁜 마음이 생기는 것을 항복받는 마음
　　이며

여섯째: 적멸심寂滅心이니, 고요하고 공적한 마음이며

일곱째: 겸화심謙和心이니, 겸손하고 하심하는 마음이요

여덟째: 윤택심潤澤心이니, 초조하고 조급하지 않는 마음이며

아홉째: 부동심不動心이니, 가벼이 움직이지 않는 마음이요

열째: 불탁심不濁心이니, 번뇌에 물들지 않는 청정한 마음이다.

십지에 들어가는 보살들은 이러한 열 가지 큰 원력의 마음을 가지고
있는 것이다.

_화엄경에서

실상이란 (1)

온갖 선법善法이 모두가 실상實相으로 돌아간다.

실상實相

실實은 허망함이 없음이요,

상相은 무상無相을 말함이다.

제법실상이란

만유본체萬有本體를 가리키는 말인 바

법성法性·진여眞如·법신法身·열반涅槃·진제眞際라고도 한다.

실상을

열반경에서는

모양 없는 모양을 이름하여 실상이라 한다 하였고

돈오입도요문頓悟入道要門에서는

자성이 공적하여 한 모양도 얻을 게 없음을 실상이라 한다.

또한 여래의 묘색신상妙色身相이라 한다.

무량의경無量義經에서는

이에 실상은 형상이 없으며 형상과 색이 아니니,

일체의 형상이 있는 것과 눈이 보는 대상이 끊어진 것이며

형상 없는 형상으로 형상 있는 몸이시며

중생의 몸 형상의 모습도 또한 그러함이라.

일체 모든 법은 본래부터 지금까지 오면서

성품과 형상이 공적하여 큰 것도 없고 작은 것도 없으며

나는 것도 없고 멸하는 것도 없으며 (중략)

법화경에서는

이 법은 가히 보일 수도 없고 형상이 적멸寂滅이니 ……

모든 법은 본래부터 오면서 항상 스스로 적멸의 모양이니 ……

여래는 이 한 모양과 한 맛의 법을 아나니

이른바 해탈의 모양 여의는 모양 멸하는 모양이며

궁극의 열반인 적멸한 모양이니 마침내 공으로 돌아가느니라.

일체 법이 허공과 같아서 성품이 있는 바가 없음이라.

일체 말이 끊어져 나지도 아니하고 나오지도 아니하며

일어나지도 않으며 이름도 없고 형상도 없어서

실로 있는 바가 없으며 ……

실상이란 우주만유의 본질이며 법신체의 모양입니다.

실상이란 (2)

수발타가 말하기를
세존이시여, 어떤 것을 실상이라 이름하나이까?

선남자여,
모양이 없는 모양無相之相을 실상이라 하느니라.

세존이시여,
어떤 것을 이름하여 모양없는 모양이라 하나이까.

선남자여, 온갖 법이 제 모양도 없고 남의 모양도 없고
나와 남의 모양도 없고 인因이 없는 모양도 없으며,
짓는 모양도 없고 받는 모양도 없고
짓는 이의 모양도 없고 받는 이의 모양도 없으며,
법의 모양도 없고 법 아닌 모양도 없으며,

남녀의 모양도 없고 장성의 모양도 없으며,
티끌의 모양도 없고 시절의 모양도 없으며,
저를 위하는 모양도 없고 남을 위하는 모양도 없고
저와 남을 위하는 모양도 없으며,
있는 모양도 없고 없는 모양도 없으며,

나는生 모양도 없고 오는來 이의 모양도 없으며,

인因 모양도 없고 인의 원인 모양도 없고,
과果 모양도 없고 과의 결과의 모양도 없으며,
낮과 밤의 모양도 없고 어둡고 밝은 모양도 없으며,
보는 모양도 없고 보는 이의 모양도 없으며,
듣는 모양도 없고 듣는 이의 모양도 없으며,

깨닫는 모양도 없고 깨닫는 이의 모양도 없으며,
보리의 모양도 없고 보리를 얻은 이의 모양도 없으며,
업 모양도 없고 업의 주인 모양도 없나니,

선남자여,
이런 모양들이 멸한 곳을 진실한 모양이라 이름하느니라.

선남자여, 온갖 법이 모두 헛된 가짜이어든
그것이 없어진 데를 참이라 하나니,
이것을 실상實相이라 하고 법계라 하고,
필경지畢竟智라 하고 제일의제라 하고,
제일의공이라 이름하느니라.

선남자여, 이 실상, 법계, 필경지, 제일의제, 제일의공을
하품지혜로 관찰하므로 성문보리聲聞菩提를 얻고,
중품지혜로 관찰하므로 연각보리緣覺菩提를 얻고,

상품지혜로 관찰하므로 무상보리無上菩提를 얻느니라.

_ 대반열반경 36권에서

　실상이란 눈이 보는 대상이 모두 끊어진 것이며,
　마음으로 분별하여 행하는 바가 다 멸한 것이니,
　곧 적멸寂滅한 모양이며 대반열반의 도리입니다.

　필경지畢竟智란 부처님께서 얻으신 일체종지一切種智를 말씀하심이며, 제
일의제第一義諦란 중도中道·법계法界·진공眞空 등 깊고 묘한 진리이며, 또
제일의공第一義空이란 공하다는 생각까지 공空한 것이니, 곧 진여법성眞如
法性의 진리입니다.
　법계法界란 지옥부터 불계까지 십법계十法界를 두고 하신 말씀이니, 십법
계를 떠나 존재하는 법은 없습니다.

실상이란 (3)

무량의자 無量義者　종일법생 從一法生
기일법자 其一法者　즉무상야 卽無相也
여시무상 如是無相　무상불상 無相不相
불상무상 不相無相　명위실상 名爲實相

무량의는 하나의 법으로 쫓아 났으며,
그 하나의 법은 곧 형상이 없음이니,
이와 같이 형상이 없는 것은 형상도 없으며 형상도 아니니,
형상이 아니기에 형상도 없으므로 실상이라 이름하느니라.
_ 무량의경에서

✿

너는 지금 응당 대승의 인因을 관할지니라.
대승의 인이란 모든 법의 실상實相이니라.

이 방등경은 바로 모든 부처님의 눈이며
모든 부처님께서 이로 인하여 다섯 가지 눈을 갖추심을 얻으셨느
니라.

부처님의 세 가지 종류(법·보·화)의 몸은

방등경으로부터 났느니라.

이 대승경전은
모든 부처님의 보배 창고이며
시방 삼세 모든 부처님의 안목이며
삼세의 모든 여래께서 출생하시는 종자種子이니,

이 경을 지니는 자는
곧 부처님의 몸을 지님이며
곧 부처님의 일을 행함이니라.
_ 행법경에서

　실상의 뜻이 오롯이 담겨 있는 묘법연화경은
　모든 부처님의 보장이며 안목이요,
　모든 부처님께서 출생하시는 종자입니다.
　시방 제불께서 실상법을 깨달으시고 성불하셨기 때문입니다.
　방등경은 곧 묘법연화경입니다.

나도 밭간다

신信은 내가 뿌리는 종자種子이고
지혜는 내가 밭을 가는 쟁기이고
몸과 입과 뜻(身口意)에 의해서
악업을 제거함은 잡초를 매는 작업이요
정진은 나를 이끌어주는 소(牛)이니
무거운 짐을 지고 안온하게 나르며
가서는 돌아오는 일이 없고
가서는 슬퍼하는 일이 없으니
이와 같이 나는 밭을 갈고
이와 같이 나는 종자를 뿌린다.
죽음이 없음은 나의 수확收穫이며
나는 모든 괴로움에서 벗어났느니라.

_ 잡아함경에서

87

올바른 삶 (1)

얕은 물은 소리를 내고 흐르지만
깊은 물은 소리를 내지 않는다.
모자라는 것은 소리를 내지만
가득 찬 것은 소리를 내는 법이 없이 아주 조용하다.
어리석은 자는 반쯤 물을 채운 항아리와 같고
지혜로운 이는 물이 가득 찬 연못과 같다.

남을 헐뜯지 않고 노여움과 인색함에서 떠난 사람
마음에 맞거나 혹은 맞지 않거나 전혀 끼어들지 않는 사람
좋고 싫음을 버리고 어디에도 집착하지 않는 사람
모든 집착과 속박으로부터 훨훨 떠나버린 사람
그는 세상에서 가장 올바른 삶을 살고 있는 것이다.

말과 행동과 생각하는 바가
그 누구에게도 거슬리지 않는 사람
남들이 존경해도 우쭐하지 않고
남들이 비방해도 흔들리지 않는 사람
오늘 이 세상에서 가장 올바른 삶을 살고 있는 것이다.

_ 숫타니파타에서

88

올바른 삶 (2)

귀貴하고 천賤함은 태어날 때부터 정해져 있는 것이 아니고
귀천은 오로지 그 사람의 행위에 의하여 결정된다.
천한 사람은 천박한 행동을 하고
귀한 사람은 고귀한 행동을 하기 때문이다.
그 사람의 행동에 따라서 천한 사람도 될 수 있고
귀한 사람도 될 수 있는 것이다.

_ 유행경에서

어리석은 사람

잠 못 이루는 사람에게 밤은 길고
지쳐 있는 나그네에겐 지척도 천 리와 같네.
바른 진리를 깨닫지 못한 자에게는
윤회의 밤길은 아득하여라.

어리석은 자가 어리석은 줄 알면
그만큼 그는 지혜로운 것이며,
어리석으면서도 슬기롭다고 한다면
그야말로 어리석은 사람이다.

어리석은 자는
한 평생을 두고 어진 사람을 가까이 섬길지라도
참다운 진리를 깨닫지 못한다.
마치 숟가락이 국맛을 모르듯 ……

_ 법구경에서

집착하지 말라

마음에 드는 것에 집착하지 말라.
그것은 탐욕을 끊어버리기 위함이다.

마음에 거슬리는 것에 노여워하지 말라.
그것은 증오하는 마음을 없애기 위함이다.

현혹한 말에 집착하지 말라.
그것은 어리석음을 끊어버리기 위함이다.

_ 잡아함경에서

현명한 사람

현명한 사람은 욕망에 이끌려 방황하지 않으며
편견에 사로잡혀 떠들어대지도 않는다.
그는 모든 편견에서 벗어나 있으므로
더 이상 세상일에 오염되지 않으며
지나치게 자신을 꾸짖지도 않는다.

그는 보고 배우고 깊이 생각하는 어떤 것에서도
절대로 적대감을 갖지 않는다.
그는 선입견을 벗어버렸다.
그는 더 이상 시간에 예속되지 않으며
죽음 앞에서도 비굴하지 않는다.
그는 더 이상 아무것도 바라지 않고 매이지 않는다.

_ 숫타니파타에서

불지견

나무南無는 중생이요
묘법연화경妙法蓮華經은 중생이 갖추고 있는 불지견佛知見이라.
시방삼세十方三世 일체제불一切諸佛께서
자신의 묘법妙法을 깨달아 성불成佛하시고
일체 중생으로 하여금 이 미묘微妙한 문을
열어(開) 보이고(示) 깨달아(悟) 들게(入) 하심이라.

만약 중생에게 불지견이 없다면
어떻게 열게 할 것이며
어떻게 보게 할 것이며
어떻게 깨닫게 할 것이며
어떻게 들게 할 것이겠는가.

중생이 본래부터 구족具足하고 있는 불지견을
열어 보이고 깨달아 들게 하는 미묘한 큰 문門이라네.
시방삼세 제불께서 이로써 열어 보이고
이로써 깨달아 들게 하는 문이며
일체 중생이 이로써 불난 집을 빠져나와
영산정토靈山淨土로 들어가는 미묘하고 거룩한 문이라네.

제법실상諸法實相의 도리를 열어서(開)
제법실상의 도리를 보게 해서(示)
제법실상의 도리를 깨닫게 해서(悟)
제법실상의 도리에 들게(入) 함이라.

마치 보배창고의 문을 여는 것을 개開라 하고
보배를 가만히 보는 것을 시示라 하고
여의보주如意寶珠임을 깨닫는 것을 오悟라 하고
여의보주를 취取하여 마음대로 활용하는 것을 입入이라 한다.

사람들은 자신에게 이미 불지견이 구족되어 있는 줄 모르고
중생지견衆生知見만 열어 가는 것이다.
중생지견이란 달팽이 뿔 같은 세상락에 젖어 온갖 곳에 탐착하고
곳곳마다 집착함이 곧 중생지견을 여는 것이다.

중생지견을 열지 말고 불지견을 열어 보고 깨달아
불지견에 들어 안주하게 하시고자 함이
모든 부처님께서 세상에 출현하신 근본이다.

제법실상 깨달아 증득함이
사불지견四佛知見을 열어 보고 깨달아 들게 되는 길이라네.

피안에 이르는 길

아지타가 아뢰기를
세상은 무엇에 덮여 있습니까?
세상은 무엇 때문에 빛을 내지 않습니까?
세상을 더럽히는 것은 무엇입니까?
세상의 가장 큰 두려움은 무엇입니까?
이러한 것을 말씀하여 주시옵소서.

스승께서 대답하시기를
아지타여,
세상은 무지無知에 덮여 있다.
세상은 탐욕과 게으름 때문에 빛을 내지 않는다.
세상의 더러움은 욕심이다.
세상의 가장 큰 두려움은 집착하여 받는 고뇌이니라.

_ 숫타니파타에서

부처님의 은혜

세존의 크고 크신 은혜는 희유한 일로서
가없고 불쌍히 여겨 교화하시어 저희들을 이익되게 하시니,
한량없는 억 겁엔들 누가 능히 갚으리까.
수족으로 받드옵고 머리 조아려 예경하며
일체 공양을 할지라도 능히 다 갚지 못하오리다.
혹은 머리에 이고 양 어깨에 메고 지고
항하사 겁이 다하도록 마음으로 공경하며
또 맛나는 음식과 한량없는 보배옷과
여러 가지 이부자리 가지가지 탕약과
우두전단 좋은 향과 또 모든 진귀한 보배로
탑묘塔廟를 일으키고 보배옷을 땅에 깔고
이와 같이 여러 가지 일로 항하사 겁을 두고
공양을 드릴지라도 또한 능히 갚지 못하오리다.

_ 법화경 신해품에서

96

전법게 傳法偈

가사정대경진겁 假使頂戴經塵劫
신위상좌변삼천 身爲床座遍三千
약불전법도중생 若不傳法度衆生
필경무능보은자 畢竟無能報恩者

가령 부처님을 머리에 이고 겁이 다하도록 하고
몸으로 평상 자리가 되어 삼천대천세계에 편다 해도
만약 법을 전하여 중생을 제도하지 않는다면
끝내 부처님의 은혜를 갚을 길이 없으리라.

부처님을 머리에 이고 시방세계를 뱅뱅 돌아도
부처님의 가르치심을 유포하여 중생을 제도하지 않는다면
부처님의 은혜를 갚을 길이 없다는 말씀입니다.
가장 중요한 것은 자신을 먼저 제도하는 것이니,
용맹정진 수행으로 자신을 먼저 제도하고
세상에 묘법을 널리 유포하여 부처님 은혜에 보은해야 합니다.

지금 현재 최선을 다하여라

지난날의 환상을 그리워하는 것은
말라버린 갈대를 만지는 것과 같다.
그러나 지난날의 일을 반성하고
현재를 성실하게 살아간다면
몸도 마음도 편안해지리라.

지나간 과거에도 매달리지 말고
아직 오지도 않은 미래를 기다리지 말라.
오직 현재 한 생각만을 굳게 지켜라.
그리하여 오늘 할 일을 내일로 미루지 말라.
진실하고 굳세게 살아가는 것
이것이 하루하루를 살아가는 최선의 길이다.

_ 법구경에서

난다의 질문

난다가 여쭈었다.
세상에는 여러 성자가 있다고 합니다.
어째서 그렇습니까?
세상 사람들은 지식이 깊은 사람을 성자라고 합니까?
아니면 행적이 뛰어난 사람을 성자라고 합니까?

스승께서 대답하시되,
난다여, 진리에 도달한 사람은
견해나 학문이나 지식을 가지고 성자라고 하지 않는다.
번뇌를 깨뜨려 고뇌가 없고 욕망이 없이
행동하는 사람들 그들이야말로
성자라고 나는 말한다.

_숫타니파타에서

열반에 이르는 인因

첫째는 선우善友를 가까이 함이요,
둘째는 정법正法을 들음이요,
셋째는 그 도리를 사유(思惟: 깊이 생각함)함이요,
넷째는 설해진 대로 수행(如說修行)함이니,
이 네 가지가 열반에 이르는 인因이다.

_ 대반열반경에서

선우善友는 선지식善知識이니 불도를 닦는 데 도움을 주는 지도자 혹은 스
승이시다. 단경에서는 이렇게 이르고 있다.

"만약 스스로 깨닫지 못했거든 모름지기 최상승법을 아는 큰 선지식을
찾아서 바른 길의 가르침을 받아라. 이러한 선지식은 큰 인연이라, 이른
바 중생을 교화하고 인도하여 견성見性하도록 하나니 일체 선법은 선지
식으로 인하여 능히 일어나느니라."

그릇된 소견

부끄러워하지 않을 것을 부끄러워하고
부끄러운 일을 부끄러워하지 않는
그릇된 소견을 가진 자들은
악한 곳으로 떨어진다.

두려울 것이 없는데 두려워하고
두려워해야 할 일에 두려워하지 않는
그릇된 소견을 가진 자들은
악한 곳으로 떨어진다.

죄가 없는데 있다 생각하고
죄가 있는데도 없다고 생각하는
그릇된 소견을 가진 자들은
악한 곳으로 떨어진다.

죄가 있으면 있는 줄 알고
부끄러운 일이 있으면 부끄러울 줄 아는
바른 생각을 가진 사람들은
착한 곳에 이르리라.

_ 법구경에서

보현보살행

밤 낮 여섯 때에
시방 부처님께 예배하고
참회의 법을 행하며

대승경을 읽고 대승경을 외우며
대승의 뜻을 생각하고 대승의 일을 생각하며
대승을 가진 자를 공경 공양하고

일체의 모든 사람을 보되 부처님을 생각함과 같이 하고
모든 중생을 부모를 생각함과 같이 할지니라.

이러한 생각을 하고 나면
보현보살은 곧 미간에서 대인상인 백호광명을 놓느니라.

_ 행법경에서

사제四諦

고제苦諦 = 고苦의 현상을 진리로 파악하는 것이니 여기에

생로병사生老病死의 사고四苦와

애별리고愛別離苦

원증회고怨憎會苦

구부득고求不得苦

오음성고五陰盛苦의 팔고八苦가 있다.

집제集諦 = 고苦가 일어나는 원인이니

미혹迷惑의 마음으로 업業을 지으므로 고의 과보果報를 부르게

된다.

멸제滅諦 = 번뇌煩惱가 다한 열반涅槃, 고법苦法을 없앤 것이다.

도제道諦 = 계정혜戒定慧 삼학三學을 닦아 번뇌를 끊는 것이니

그 도법道法으로 팔정도八正道를 수행한다.

정견正見 정사유正思惟　　= 혜慧

정어正語 정업正業 정명正命　= 계戒

정념正念 정정正定 정진正進　= 정定

103

모든 보살의 덕행

이 모든 보살은 모두 바로 법신대사法身大士가 아님이 없음이라.
계戒·정定·혜慧·해탈解脫·해탈지견解脫知見을 성취하신 바이며
그 마음이 선정에 들어 고요하고 삼매三昧에 머물러
편안하고 고요하시며 한결같으시니,
함이 없고 욕심이 없으시며,
전도顚倒되어 어지러운 생각이 다시 들어오지 않으시며,
조용하고도 고요하며 맑고 뜻이 현묘玄妙하여
허공과 같이 아득하여 억백천 겁을 두고
움직이지 아니함을 지키시며,
한량없는 법문이 다 앞에 나타나 있으며,
큰 지혜를 얻어 모든 법을 통달하시고,
성품과 형상과 진실을 밝게 깨달아 분별하시되,
있고 없는 것과 길고 짧은 것을 밝게 드러내고 분명하게 나타내시며,

또 모든 근기와 성품과 하고자 하는 것을 능히 잘 아시며,
다라니와 걸림없는 변재로써
모든 부처님께서 법륜 굴리심을 따르고 쫓아 능히 굴리시니,
작은 물방울을 먼저 떨어뜨리어 욕심의 티끌을 빠지게 하시며,
열반의 문을 열고 해탈의 바람을 부채질하여
세상 번뇌의 열을 없애시고

청량한 법에 이르도록 하시오며,
다음에는 심히 깊은 십이인연을 내리시어
무명無明과 늙고 병들고 죽음 등이 맹렬히 불타는
괴로움의 무더기를 해의 광명으로 씻는 것이었다.

이에 크고도 넓고 위없는 대승의 물을 쏟아서
중생에게 있는 모든 선근을 윤택하게 적시어
좋은 종자를 뿌려 공덕의 밭에 두루 펴서 널리 일체로 하여금
깨달음의 싹을 트게 하시었다.

_ 무량의경 덕행품에서

계율을 스승으로 삼아라

아난아! 여래가 열반에 든 것을 보고
정법이 끊어졌다는 생각을 해서는 안 된다.
나는 너희 비구들을 위하여 계율을 정하고 법을 설하였다.

이제 계율이 너희 스승이 되어야 한다.
그러므로 비구들이여,
내가 열반한 뒤에는 청정한 계율을 존중하기를
마치 어둠 속에서 빛을 만난 자가 빛을 귀하게 여기고
가난한 자가 보물을 얻은 것처럼 하라.

청정한 계율은 너희들의 스승이기 때문이며
내가 살아 있음과 같은 까닭이니라.

그러므로 나를 보는 자는 법을 볼 것이요,
법을 보는 자는 곧 나를 볼 것이다.

_ 열반경에서

생활의 지혜

유리하다고 교만하지 말고
불리하다고 비굴하지 말라.
자신이 아는 대로 진실만을 말하며
주고받는 말마다 좋은 말을 하여
듣는 이에게 안락함과 기쁨을 주어라.

무슨 말을 들었다고 쉽게 행동하지 말고
그것이 사실인지 깊이 생각하여
이치가 명확할 때 과감히 행동하라.
_ *잡보장경에서*

겉모습이 그럴듯하다 해서
모두가 좋은 사람이 아니다.
좋은 사람은 생각이 올바르고 정직해야 한다.

겉모습만 치장하지도 말고
또 겉모습만 보고 사람을 평가하지도 말라.
_ *대반열반경에서*

화엄경 사구게

약인욕료지 若人欲了知   삼세일체불 三世一切佛
응관법계성 應觀法界性   일체유심조 一切唯心造

만약 어떤 사람이
삼세 일체 부처님을 알고자 할진대
응당 법계의 성품을 일체가
오직 마음으로 지어졌음을 관할지니라.

비여암중보 譬如暗中寶   무등불가견 無燈不可見
불법무인설 佛法無人說   수혜막능료 雖慧莫能了

비유하면 캄캄한 가운데 보물이 있으나
등불이 없으면 볼 수 없는 것과 같아
부처님의 법을 설해주는 사람이 없으면
비록 지혜가 있다 해도 알지 못하느니라.

혼자 가라

생각이 깊고 총명하고 성실한
어진 반려가 될 친구를 만났거든
어떠한 어려움이라도 극복하고
마음 놓고 기꺼이 함께 가라.

그러나 생각이 깊고 총명하고 성실한
어진 반려가 될 친구를 못 만났거든
정복한 나라를 버린 왕처럼
숲속을 다니는 코끼리처럼 혼자 가라.
_ 법구경에서

의롭지 못한 것을 보고도 못 본 체하는 벗은
아예 가까이 하지 말라.
감각적인 쾌락에만 탐닉해 있는
벗과도 가까이 하지 말고
저 광야를 가고 있는 무소뿔처럼 혼자서 가라.
지성적이며 진리에 귀를 기울이는
고상한 벗을 가까이 하라.
그런 벗은 여러 가지 도움이 되나니

모든 의심을 잘라버리고

저 광야를 가고 있는 무소뿔처럼 혼자서 가라.

_숫타니파타에서

법보화法報化 삼신게三身偈

대재대오대성주 大哉大悟大聖主
무구무염무소착 無垢無染無所着
천인상마조어사 天人象馬調御師
도풍덕향훈일체 道風德香薰一切

크고도 크게 깨달으신 거룩한 성주시여,
더러움도 없으시고 물들음도 없으시며 착하는 바도 없으심이라.
하늘과 사람과 코끼리와 말을 길들이시는 스승이시며,
도의 바람과 덕의 향기를 훈훈히 하시며,

법신게法身偈

기신비유역비무 其身非有亦非無
비인비연비자타 非因非緣非自他
비방비원비단장 非方非圓非短長
비출비몰비생멸 非出非沒非生滅

그 몸은 있는 것도 아니요 또한 없는 것도 아니시며,
인도 아니요 연도 아니시며 자기도 다른 이도 아니시며,

모나지도 않으시고 둥글지도 않으시며 짧고 길지도 않으시며,
나오지도 않으시고 숨지도 않으시며 나고 멸하지도 않으시고,

보신게 報身偈

계정혜해지견생 戒定慧解知見生
삼매육통도품발 三昧六通道品發
자비십역무외기 慈悲十力無畏起
중생선업인연출 衆生善業因緣出

계정혜와 해탈과 해탈지견에서 나시며,
삼매와 육신통과 도품에서 일어나시며,
자비와 십력과 무외에서 일어나시며,
중생의 선업의 인연으로 나오시며,

화신게 化身偈

시위장육자금휘 示爲丈六紫金暉
방정조요심명철 方整照曜甚明徹
호상월선항일광 毫相月旋項日光
선발감청정육계 旋髮紺靑頂肉髻

장육은 자마금색으로 빛남을 보이게 되시고,
곧고 바르고 밝게 비치시며 심히 밝고 투명하시며,
백호상은 도는 달이시고 목덜미는 해와 같이 빛나시며,
감청빛의 머리털은 빙 돌아 말려지시고,

연등게 蓮燈偈

묘법연화독송공 妙法蓮華讀誦功
당지시인진불자 當知是人眞佛子
즉위여래견하담 則爲如來肩荷擔
시인불도무유의 是人佛道無有疑

묘법연화경 독송한 공덕으로
마땅히 알라. 이 사람은 참 불자이니,
곧 여래를 어깨에 메고 진 바라,
이 사람은 불도에 들기 의심이 없느니라.

실상게 實相偈

법계제법종본래 法界諸法從本來
시위상자적멸상 是爲常自寂滅相
일체불자행도이 一切佛子行道已

당위래세득작불 當爲來世得作佛

법계 모든 법이 본래부터 오면서
이는 항상 스스로 적멸의 형상이니,
일체 불자가 이런 도를 수행하면
마땅히 오는 세상에서 성불하리라.

수행자

수행자가
가난하지만 굶주리지 않았고
넉넉하지는 않지만 풍요로움이 있도다.
마음에 묘법妙法의 무가보주無價寶珠를 갖추었도다.
써도 써도 다함이 없는 무가보주를 가졌으니
중생을 이익되게 하여 끝내 아낌이 없으리라.

수행자여,
누가 그대를 비방하거든
그냥 비방에 따르고 그냥 맡겨두어라.
불로 허공을 태우려 하나
공연히 수고로움만 더하리라.
비방과 칭찬에 마음 움직이지 않음이
수행자의 본분이며 이것이 바로 수행이니라.
마구니도 또한 선지식도
그대 마음 가운데 있느니라.

백 명이 옳다 해도 그른 것은 그른 것이고
한 명이 옳다 해도 옳은 것은 옳은 것이니
공연히 시비에 끼어들지 말라.

나는 양의와 같다

나는 훌륭한 의사와 같아서
병에 따라 약을 주나니
먹고 먹지 않는 것은 의사의 허물이 아니며,
나는 또 훌륭한 길잡이와 같아서
사람을 좋은 길로 인도하나니
듣고서 가거나 가지 아니하는 것은
인도하는 사람의 허물이 아니니라.

입조심

모든 재앙은 입에서부터 나온다.
그러므로 입을 함부로 놀리지 말라.
남이 듣기 싫어하는 말은 하지 말라.
맹렬히 타는 불길이 집을 태우듯이
말을 조심하지 않으면
결국 그것이 불길이 되어 자신을 태우게 된다.
자신의 불행한 운명은
바로 자신의 입으로부터 시작된다.
입은 자신을 해치는 도끼요,
남을 해치는 날카로운 칼날이 될 수 있다.
_ 법구경에서

남에게 충고하고자 할 때에는
다음과 같은 다섯 가지를 유념해야 한다.

충고할 때와 장소가 아니면 말하지 말라.
진심으로 충고하고 거짓되게 말하지 말라.
부드러운 말씨로 충고하고 거친 말을 쓰지 말라.
의미있는 일에 대해서만 충고하고

무의미한 일에는 말하지 말라.
인자하고 부드러운 마음으로 말을 하고
성난 마음으로 말하지 말라.

_ 증지부경전에서

일념삼천一念三千

우리들 인간의 평상심 속에 십법계十法界를 구족하고 있으니
한 생각 돌이켜 능히 무명번뇌無明煩惱를 녹여 없애고
진여법성眞如法性을 회복하면 이것을 불佛이라 함이요,

한 생각 자비심慈悲心은 보살이며,

한 생각 지혜로움은 벽지불이며,

한 생각 청정함은 아라한이요,

한 생각 선善함은 천상이요,

한 생각 정직함은 인간이요,

한 생각 투쟁은 아수라요,

한 생각 어리석음은 축생이요,

한 생각 탐욕은 아귀요,

한 생각 성냄은 지옥이니,

이렇게 인간의 한 생각 속에 십법계를 함장하고 있는 것처럼
구법계九法界에도 또한 각각 십법계를 함장하고 있어
십법계 안에 백법계가 갖추어져 있는 것이다.

또 이 백법계마다 십여시十如是인
모양(相)과 성품(性)과 본체(體)와 힘(力)과 작용(作)과
원인(因)과 관계(緣)와 결과(果)와 과보(報)와

처음과 끝이 평등한(究竟等) 실상을 갖추고 있으니
천여시千如是가 되는 것이요,
천여시가 정신과 물질의 화합체인 오온세간五蘊世間에도
순전한 정신뿐인 중생세간에도 순전히 물질뿐인 국토세간에도
모두 갖추고 있어 삼천제법三千諸法이 되는 것이다.

이러하므로 개개인의 길흉화복과 국가의 흥망성쇠와
인류의 정예고락淨穢苦樂과 사성육범四聖六凡 등
우주만상은 한 생각 그림자요 작용이니,
이것이 곧 일념삼천一念三千의 도리이다.

한 생각은 우주만상의 핵이며 본체이며 근본이라,
이 한 생각은 아무런 형상이 없다 해도
지地·수水·화火·풍風·공空·식識의 육대六大가
그 속에서 유출되는 것이다.

인간의 한 생각 가운데 삼천제법을 구족하였다 하여
이를 일념삼천一念三千이라 한다.
이는 천태대사의 설說이시다.

즉신성불卽身成佛의 도리

시방제불은 중생의 일념一念의 마음에서 나타나시므로
중생의 마음이 근본이며 본각本覺의 당체이다.

그러나 무명의 번뇌가 마음을 덮어 생사의 꿈에 빠져
본각의 이치를 잊고 삼세에 걸쳐 허망한 헛된 꿈을 꾸고 있는 것이다.

생사의 허망한 꿈을 깨고 본각의 생시로 돌아옴을
즉신성불卽身成佛이라 한다.

법화경의 본의는 중생의 생명 그 자체에 불계를 이미 갖추고 있어
조금도 그 모습을 바꾸지 않고 불계를 열어가는 것이니

나무묘법연화경 제목을 부르면
자신의 생명에서 불계를 현현(顯現: 나타내고 드러냄)하여
자신이 본래부터 십계호구十界互具의 당체라고 깨닫게 되는 것이다.
이것이 즉신성불의 도리이다.

나무묘법연화경으로 속성취불신速成就佛身하는 것임을
다시 강조하고 싶을 뿐이다.

한량없는 열반

여래는 중생들에게 기쁨을 내게 하려고 세상에 출현하시며,
중생들에게 사모함을 내게 하려고 열반을 보이신다.

그러나 여래는 참으로 세상에 출현함도 없고 열반함도 없느니라.
왜냐하면 여래는 청정한 법계에 항상 계시면서
중생의 마음에 따라 열반을 나타내기 때문이니라.

모든 중생의 청정한 마음에 따라
부처님이 나타나지 않는 데가 없어
마음의 그릇이 깨끗하면 부처님을 항상 뵈올 수 있고
마음이 흐리거나 그릇이 깨어지면 볼 수 없느니라.

만약 열반을 통해서 제도할 중생이 있다면
여래께서는 곧 열반을 보이지만
실제에 있어서는 여래는 나는 일도 없고
멸하는 일도 없고 열반에 드는 일도 없느니라.
보살마하살은 여래 응공 정등각의 대열반을
이와 같이 알아야 하느니라.

불자들이여,

여래의 몸은 일정하게 있는 곳이 없어
진실도 아니고 허망함도 아니지만
부처님께서 본래 서원한 원력으로써
중생이 제도를 받을 만하면 나타나느니라.

여래는 한량없고 걸림없는 구경의 법계와 허공계에 머무시는데,
진여법성眞如法性은 생도 없고 멸도 없는
실제(實際: 실상實相과 같은 뜻)이지만
중생들을 위해 때에 따라 나타난다.

본래의 서원으로 쉬지 않고
일체 중생과 일체 세계와 일체 법을 버리지 않느니라.

_화엄경 여래출현품에서

애욕과 탐욕

애정으로부터 슬픔이 생기고
애정으로부터 고통이 생긴다.
그러나 애정으로부터 벗어나면
슬픔도 고통도 있을 수 없다.

쾌락으로부터 슬픔이 생기고
쾌락으로부터 고통이 생긴다.
그러나 쾌락으로부터 벗어나면
슬픔도 고통도 있을 수 없다.

욕망으로부터 슬픔이 생기고
욕망으로부터 고통이 생긴다.
그러나 욕망으로부터 벗어나면
슬픔도 괴로움도 있을 수 없다.

갈망으로부터 슬픔이 생기고
갈망으로부터 두려움이 생긴다.
그러나 갈망으로부터 벗어나면
슬픔도 두려움도 있을 수 없다.

_ 법구경에서

승찬선사

지극한 도는 어렵지 않다.
다만 간택을 싫어할 뿐이다.
미워하고 사랑하지 않으면
통연히 명백할 것이다.

말이 많고 생각이 많으면 진리에서 멀어진다.
근본으로 돌아가면 뜻을 얻겠지만
경계를 따르면 본분을 잃게 된다.
집착하면 법도를 잃게 되니
반드시 삿된 길로 들어서게 된다.

대왕이 머리칼로 진흙을 덮은 사연

용수보살이 쓴 대지도론에 나오는 이야기다.

옛날 인도의 어떤 조용한 절에서 수행하는 마하라摩訶羅라는 비구가 있었다. 하루는 그가 외출을 하려 하자 그 나라의 국왕이 머리를 풀어 진흙을 덮으며 밟고 지나가게 하였다.

진흙을 덮어 부처님을 공양한 예는 옛날에도 있었지만 국왕이 비구를 위해 그렇게 한 일은 보기 드문 일이었다.

이를 본 한 비구가 국왕에게 와서 말했다.

"왕께서 베푼 공덕은 참으로 크고 장한 일입니다. 하지만 공양을 받은 저 비구는 경전도 별로 보지 않는 사람인데 어찌 그에게 그토록 큰 공양을 올리십니까?"

왕이 말했다.

"그렇지 않습니다. 어느 날 밤 내가 저 비구를 만나기 위해 동굴로 찾아갔더니 그는 굴속에서 조용히 법화경을 읽고 있었소.

그런데 놀라운 것은 온몸에 금빛으로 빛나는 어떤 사람이 큰 코끼리 위에 앉아서 스님을 향해 합장 공경을 하고 있는 것이었소.

신기해서 내가 가까이 다가가 자세히 보려 했더니 그 금빛 찬란한 사람은 사라졌소. 그래서 내가 그 비구에게 어찌된 연유인지를 물었소.

그 비구는 말하기를, '금빛 찬란한 사람은 바로 변길遍吉보살이오.

이 보살은 만약 어떤 사람이 법화경을 외우면 마땅히 흰 코끼리를 타고 그곳에 나타나 그를 공양하고 보호하겠다고 스스로 서원을 세운 분이오. 그가 이곳에 온 것은 내가 법화경을 외우고 있었기 때문이오. 변길보살은 바로 법화경에 나오는 보현보살의 다른 모습입니다.' 하는 것이었소.

내가 그를 공양하는 것은 이런 인연이 있기 때문이오."

마하라 비구를 비난했던 그 비구는 이 말을 듣고 공경하는 마음이 생겨 합장했다.

이 이야기는 홍찬전 제9권, 현응록 제1권 등에 전한다.

법화경의 도리

파도는 애쓰지 않아도 물이 될 수 있다.
바로 지금 여기에서,
파도는 이미 물이기 때문이다.

마찬가지로 우리는 이미 열반에 들어 있으며
이미 부처이다.
이미 원하는 존재가 되어 있다는 뜻이다.

중요한 것은 수행의 길에 들어 이 진리를 실현하고,
다른 사람들도 이를 실현하게 돕는 것이다.

_ 틱낫한 스님이 읽어주는 법화경에서

부처님께서 대각하신 진리가 곧 구원실성久遠實成 상주불멸常住不滅이다.
이는 법화경에서 밝히신 도리다.
그러나 중생은 이미 부처라고 하지만 부처성품을 사실적으로 드러내지
못하고 있는 것이다. 맑고 청정한 하늘을 마치 비구름이 덮은 것과 같다.
무명번뇌가 진여법성眞如法性을 덮고 있기 때문이다.
지혜의 바람이 불어와 무명번뇌의 구름을 걷어가면 청정한 자성은 어느

것에도 물들지 않고 여여如如한 그대로인 것이다.

비로자나불께서 설하시기를, "기이하고 기이하도다. 일체 중생이 이미 부처이거늘 어찌하여 한량없는 고통에 빠져 있는고…" 하셨듯이 본래 성불을 실현하지 못하고 온갖 고통에 빠져 있으니 이는 오로지 수행이 따르지 못한 연고로 부처가 중생의 탈을 쓰고 중생 노릇만 하고 있는 것이다.

지혜로운 사람

활 만드는 사람은 활을 다루고
뱃사공은 배를 다루며
목수는 나무를 다루고
지혜로운 사람은 자신을 다루네.

아무리 비바람이 거세게 불지라도
반석은 흔들리지 않는 것처럼
지혜로운 사람은 그 뜻이 굳어
비난과 칭찬에도 흔들리지 않네.

깊은 못의 물은 맑고 고요해
물결에 흐려지지 않는 것처럼
지혜로운 사람은 진리를 듣고
그 마음 저절로 깨끗해지네.

_ 법구비유경에서

목숨은 산 위의 물과 같다

사람의 몸을 얻기 어려움이
우담발화와 같거늘 나는 이미 얻었으며,

여래를 만나기 어려움이
우담발화보다 더하거늘 나는 이미 만났으며,

청정한 법보法寶를 듣기 어렵거늘
나는 이미 들었으니,

마치 눈 먼 거북이가 나무의 구멍을 만난 듯하여
목숨이 잠깐도 정지하지 아니함이
산 위의 물과 같아서
오늘은 남아 있더라도 내일까지 보증하기 어렵거늘
어찌하여 마음을 놓고 삿된 법에 머물겠는가.

_ 대반열반경에서

중생의 세 가지 병

중생에게 세 가지 병이 있으니
하나는 탐욕이요,
둘은 성내는 것이요,
셋은 어리석음이니라.

세 가지 병에 세 가지 약이 있나니
부정관不淨觀은 탐욕에 약이 되고
자비관慈悲觀은 성내는 데 약이 되며
인연관因緣觀을 하는 지혜는 어리석은 데 약이 되느니라.

대비심

문수사리보살이 묻기를,
거사여,
이 질병은 어떤 원인으로 일어났으며,
생긴 병은 얼마나 오래갈 것인가?
마땅히 어떻게 멸하여야 하는가?

유마힐維摩詰 답하시기를,
지금 나의 병은 대비로부터 일어난 것인데
중생들이 병이 나니 이 때문에 나도 앓고 있소.
중생의 병이 치유되면 그 까닭으로
나도 치유되는 것이요.
_ 정명경淨名經에서

불보살佛菩薩의 불가사의 자비심은
법계法界에 가득하니 자비의 힘은 위대하며,
보살이 때마침 이 자비의 마음을 일으키면
중생의 질병은 바로 제거되어 치유된다는 말씀입니다.

육바라밀

나무묘법연화경 제목 봉창하여 선정禪定을 이루면 욕망이 떠나니
이것을 보시布施라 한다.

계戒를 지니지 않으면 삼매三昧가 일어나지 않는다.
이것을 지계持戒라 한다.

나무묘법연화경 일심으로 제목을 부르면 진에瞋恚가 없다.
이것을 인욕忍辱이라 한다.

선정禪定을 얻는 까닭으로 잡념이 없다.
이것을 정진精進이라 한다.

나무묘법연화경 제목을 일심으로 부르면 곧 선정이 일어나니
이것을 선정禪定이라 한다.

모든 법이 다 무상無常한 것을 아는 것
곧 이것을 지혜智慧라 한다.
일체법이 스스로 적멸상임을 증득하기 때문이다.

나무묘법연화경 일심으로 수행함이 곧

육바라밀六波羅蜜의 보살계菩薩界를 닦는 정행正行이라 한다.

나무묘법연화경 나무묘법연화경 나무묘법연화경

삼악도에 떨어지는 네 가지 착한 일

첫째, 남에게 이기기 위하여 경전을 독송하는 일
둘째, 이양利養을 위하여 계율을 수지하는 일
셋째, 남을 자기에게 소속시키기 위하여 보시를 행하는 일
넷째, 그릇된 생각을 위하여 계를 생각하고 사유하는 일

_ 열반경에서

신구의업실적정 身口意業悉寂靜
유여추월지명정 猶如秋月之明淨

신구의 업을 다 고요하게 하면
가을달의 밝고 깨끗함과 같아진다.

부처행

수재어생사 雖在於生死　이심무염착 而心無染着
안주제불법 安住諸佛法　상락여래행 常樂如來行

비록 생사 속에 있으나
마음이 물들지 않고 집착함이 없어
모든 불법에 편안히 머물러
항상 여래의 행을 즐기네.
_화엄경에서

불보살이 부처행이 없다면 범부 중생과 다를 바가 없다.
부처행이란 끝없는 중생 교화 사업이다.
중생들로 하여금 선근을 심게 하고 불도에 들게 함이
부처님께서 세상에 출현하시는 근본이기 때문이다.
부처님께서는 무량 백천만억 겁 전에 성불하시고서
때로는 부처님으로서 때로는 중생의 모습으로
부처와 중생계를 넘나들며 여래의 행을 다 하시는 것이다.
여래행이 없다면 어찌 진여眞如의 불성이 드러나겠는가.

법화경 법사품

그때 세존께서 이 뜻을 거듭 펴시려고
게송으로 말씀하시되,
모든 게으름을 버리고자 하면
마땅히 이 경을 들을지니라.
이 경은 얻어듣기 어렵고
믿고 받아지니기 또한 어려우니라.
마치 어떤 사람이 목이 말라
높은 언덕에 우물을 팔 적에
아직 마른 흙을 보면
물이 먼 줄 아나
점점 진흙을 보게 되면
결정코 물이 가까운 줄 아느니라.

이미 장항長行에서 밝히신 뜻을 다시 게송으로 말씀하신 내용입니다.
법화경을 받아지녀 수행함으로써 무상보리를 얻게 됩니다.
그러나, 이 대승법은 믿기 어렵고 이해하기 어려운 진리입니다.
어떤 사람이 목이 마르다 함은 진리를 만나지 못함이요.
높은 언덕에 우물을 판다 함은 중생의 번뇌가 한량없음이요,
우물을 파는 것은 지혜를 구하기 위한 수행이며,

아직 마른 흙을 보면 물이 먼 줄 안다 함은
중도실상中道實相의 진리 얻기가 아직 먼 것을 비유함이요,
점점 진흙을 보게 되면 결정코 물이 가까운 줄 안다 함은
수행으로써 무상보리를 얻기가 가까운 것을 비유하고 있습니다.

이는 모든 경전의 왕이니,
듣고 자세히 생각하면,
마땅히 알지니라.
이 사람들은 부처님 지혜에 가까우니라.
만약 사람이 이 경을 설하려고 하면
응당 여래의 방에 들어가
여래의 옷을 입고
그리고 여래의 자리에 앉아,
대중 가운데서 두려울 바 없이
널리 분별하여 설할지니라.
대자비가 방이 되며,
부드럽고 온화하며 인욕함이 옷이 되고,
모든 법이 공함이 자리가 되니,
이곳에서 법을 설할지니라.

법화경을 한 사람에게라도 설하기 어려우니,
여래의 장엄으로 스스로 장엄하여 이 경을 설하라는 게송입니다.

응당 여래의 방에 들어가 여래의 옷을 입고
여래의 자리에 앉아 두려운 마음 품지 말고
이 경을 널리 설하라는 말씀입니다.
여래의 방이란 대자비심이요,
여래의 옷이란 유화인욕심이요,
여래의 자리란 일체 법이 공空한 것이니,
이곳에서 법을 설하면 허물이 있을 수 없는 것입니다.
자비는 일체 선善을 낳으며 유화인욕은 일체 악惡을 막으며,
공空의 자리는 일체 분별현상을 없앤다 합니다.

또 자비와 인욕은 일체의 복덕을 세우며
공의 자리는 일체의 지혜를 이루게 됩니다.
또 자비는 천마天魔를 깨고 유화인욕은 음마陰魔를 깨고
공은 번뇌마煩惱魔를 깨고 사마死魔를 깬다고 합니다.
대승大乘은 대소大小의 분별조차 없어진 절대적 대승이요,
온갖 선법은 자慈를 근본으로 삼으며
인욕은 으뜸가는 도道이며 무상無相은 최상의 지혜입니다.
이러한 도리를 법화문구에서 밝히고 있습니다.

모우가 꼬리를 사랑하듯

만약 내가 중생을 만나면 불도를 가르쳐 다하지만
지혜 없고 어지러운 자는 미혹하여 가르침 받지 않느니라.
나는 아노니, 이런 중생은 착한 근본을 닦지 아니하고
다섯 가지 욕심에 굳게 집착하여
어리석게 사랑하므로 번뇌가 생겨
모든 욕심의 인연으로 삼악도에 떨어져서
모든 독한 고통을 갖추어 받느니라.
태로 나는 미세한 형상은 세세에 항상 자라나고
박덕하고 복이 적은 이라
여러 가지 고통에 시달리느니라.

나고 죽는 험한 길에 들어
계속되는 괴로움을 끊지 못하고
오욕에 깊이 집착함이 모우가 꼬리를 사랑하듯
탐욕과 애욕으로 스스로 가려 눈이 멀어 보는 바가 없고
큰 세력의 부처님 법과
괴로움을 끊는 법을 구하지 않고
모든 사견에 깊이 빠져 고통으로 고통을 버리고자 하니,
이런 중생을 위하는 고로 대비심을 일으키느니라.

_ 법화경 방편품에서

141

용녀 성불의 의미

지적보살이 말씀하되, 내가 석가여래를 뵈오니,
한량없는 겁 동안 난행고행難行苦行을 하시고
공덕을 쌓으시고 보리도를 구하시되
일찍이 그치거나 쉬지 않으셨으며,
삼천대천세계를 살펴보아도 개자芥子씨만한 곳에 이르기까지
이 보살의 몸과 목숨을 버리지 아니한 곳이 없었나이다.
중생을 위하시는 연고로 그러하신 뒤에야 겨우 보리도를 이루셨거늘,
이 용녀가 잠깐 사이에 정각을 이루었다 함은
믿지 못하겠나이다.

지적보살이 용녀가 보리도를 이루었다 함을 문수사리보살로부터 듣고
의혹을 내는 내용입니다.
이는 별교別敎의 입장에서 의혹을 낸 것이며, 원교圓敎의 입장은 아닌 것
입니다.
별교란 보살만을 가르치는 법으로 사물을 차별적으로 보는 가르침이니
가관假觀의 도리입니다.
이에 반해 원교는 공관空觀 가관假觀을 초월하여 중도관中道觀의 원만한
가르침입니다.

지적보살이 별교의 입장에서 석가여래를 뵈오니 한량없는 겁 동안 난행고행하시고 공덕을 쌓으시고 보리도를 얻기 위하여 그치거나 쉬지 않으시고 개자씨와 같은 작은 것에도 소홀함이 없으시고 몸과 목숨을 버리지 아니한 곳이 없으셨으며, 그러하신 후에야 겨우 정각을 이루셨는데 지금 이 용녀가 잠깐 사이에 정각을 이루었다 함을 믿지 못하는 것입니다.

용녀의 돈초頓超성불은 원교의 입장에서 이해해야 합니다.
제법실상諸法實相을 깨달아 금생今生에 성불함을 의미합니다.

남의 장단점을 말하지 말라

초중후야初中後夜 초저녁 중간 늦은 저녁에
수면을 줄이고 정진해 좌선하고
경을 외워 도를 닦음으로써
생사를 벗어나 열반의 길로 나아가리라.

남의 잘못을 말하지 말며
자신의 장점을 말하지 말며
겸손한 마음으로 교만에 빠지지 말라.

의식衣食의 족함을 알아 두타정진頭陀精進하며
방일放逸한 행을 하지 말며
생각을 한 곳에 집중하여 마음이 흩어지지 않게 하며,
온갖 중생에게 자비심을 일으켜라.

경전에 설해진 공空의 도리를 실천 수행하고
남에게도 독송 수행케 하라.
다시 남을 비방하지 말고 남의 허물을 말하지 말며
자신의 장점을 일컫지 말라.

_ 일장경日藏經에서

144

말조심

함부로 다른 사람의 허물을 말하지 말라.
언젠가는 반드시 되돌아와 자신을 상하게 할 것이다.
만일 타인을 헐뜯는 소리를 듣거든
마치 나의 부모를 헐뜯는 것처럼 여겨라.
오늘 아침엔 비록 다른 사람의 허물을 말했지만
내일엔 반드시 나의 허물을 말할 것이다.
  _ 자경문에서

남을 해치는 말이나 거친 말,
괴로움을 주는 말이나 원한을 품게 하는 말,
저속하고 나쁜 말, 비열하고 천한 말,
이런 말들은 모두 버려라.

대신 항상 정다운 말, 부드러운 말,
착한 말, 도리에 맞는 말, 때에 맞는 말,
분명한 말, 진실한 말,
항상 아름다운 말만을 하도록 노력하라.
  _ 화엄경에서

지계持戒

계戒를 지키고자 하는 분들은
열심히 자신의 마음을 지켜야 합니다.
안정된 마음을 지키지 못한다면
계를 지키는 것이 불가능하기 때문입니다.

이 세상 코끼리는 아무리 사나워도
우리들을 무간지옥으로 끌고 갈 수 없지만
제멋대로 날뛰는 마음의 코끼리는
자신을 무간지옥으로 끌고 갈 수 있습니다.

그러나 마음의 코끼리를 정념으로
밧줄로 단단히 매어 놓으면
모든 두려움은 모두 사라지고
모든 선업이 우리들의 앞에 쌓이게 됩니다.

외부에서 일어나는 모든 일을
억제하려고 애쓸 필요가 없습니다.
자기 자신의 마음만 조복받으면
그 밖의 것을 억제할 필요가 없습니다.

열반사덕 涅槃四德

열반사덕 涅槃四德이란
상덕常德·낙덕樂德·아덕我德·정덕淨德이며
이를 열반 사바라밀이라고 한다.

상바라밀常波羅蜜: 과거 현재 미래의 삼세三世에 걸쳐 항상
　　　　　　　　　 머물고 멸하지 않는 덕, 항상하는 덕.

낙바라밀樂波羅蜜: 괴로움을 완전히 여의고 생사를 초월한
　　　　　　　　　 극락의 덕.

아바라밀我波羅蜜: 소아小我를 버리고 일체의 속박에서
　　　　　　　　　 벗어난 자재한 덕.

정바라밀淨波羅蜜: 모든 번뇌煩惱를 제거하고 더러움을
　　　　　　　　　 완전히 버린 무구無垢의 덕.

부처님께서는 이러한 네 가지 덕으로 장엄된 불괴不壞의 몸으로
상적광토常寂光土에 상주하시는 것이다.
이 사바예토가 바로 상적광토이니,
사바즉적광娑婆卽寂光이요,

우리가 머문 당처가 정토淨土이니,
다시 별도로 정토를 찾으리오.
진정한 정토는 법화경 설하신 사바娑婆가
곧 적광토寂光土이니라.

실상참회 實相懺悔

일체법이 공空하여 스스로 적멸상寂滅相이니,
이 몸과 마음도 공하여 스스로 적멸상입니다.

몸과 마음이 공하여 적멸의 상이니
죄와 복도 공하여 적멸의 상입니다.

몸과 마음이 공하여 적멸의 상이요,
죄와 복도 공하여 적멸의 상이니
어느 것이 복이며 어느 것이 죄이겠습니까.

죄와 복이 공하여 실체가 없나이다.
죄와 복도 주인이 없으며
죄와 복은 머물고 의지할 바가 없나이다.

바람이 공중에 의지하고 머물 수 없듯이
죄와 복도 머물고 의지할 바가 없나이다.

일체 업장의 바다는
모두 망령된 생각으로 좇아 나느니
만약 참회하고자 하는 자는

단정히 앉아서 실상을 염할지니라.
모든 죄는 서리와 이슬 같아서
지혜의 해로 능히 녹여 없애느니라.
이런 고로 응당 지극한 마음으로
육정근六情根을 참회할지니라. 〈행법경〉

죄무자성종심기 罪無自性從心起　심약멸시죄역망 心若滅時罪亦亡
죄망심멸양구공 罪亡心滅兩俱空　시즉명위진참회 是則名爲眞懺悔

죄에는 자성이 없고 마음을 좇아 일어나니
마음이 사라지면 죄 또한 사라져서
죄와 마음이 사라지고 모두가 공하면
이것을 이름 붙여 참된 참회라 하네. 〈천수경〉

실상을 깊이 생각함으로 하여 손가락 한 번 튕길 잠깐 사이에 백만억 아
승지 겁의 생사의 죄가 없어져 소멸된다 하십니다.
　자신이 어떤 죄를 지었다 혹은 어떤 복을 지었다 하는 상에 집착하지 말
고 모든 법이 적멸의 상이니 죄와 복도 적멸의 상이라 실체가 없는 것입
니다.
　죄와 복도 공하여 실체가 없고 주인이 없으며 머물고 의지할 곳이 없는
것입니다.
　모든 업장의 바다는 망령된 생각으로 좇아 난다고 하셨으니 죄의식에 사
로잡히지 말고 모든 법이 스스로 실상임을 관觀할 것이니, 모든 죄는 서리

와 이슬 같아서 실상지혜로써 녹여 없앤다는 것입니다.

✿

부처님께서 아난에게 이르시되,
나와 더불어 현겁의 모든 보살들과 또 시방의 모든 부처님께서는
대승의 참된 실상의 뜻을 깊이 생각한 연고로
백만억억 겁 아승지 수의 생사의 죄를 제하여 버렸나니,
이 가장 묘한 참회법을 인한 까닭으로
지금 시방에서 각각 부처님 됨을 얻었느니라. 〈행법경〉

죄와 복은 실체가 없습니다.
우리의 자성은 죄와 복에 물들지 않고 생멸이 없고 증감이 없습니다. 청
정 법신불 자체입니다.
우리의 본래 성품은 때에 따라 변하거나 생멸이 있거나 증감이 있는 것이
아닙니다.
죄를 지었든 복을 지었든 청정법신은 그냥 실상 그대로입니다. 실상을 관
함으로 인하여 죄와 복도 실체가 없음을 깨닫게 되고 죄와 복은 주인이
없고 머물고 의지할 곳이 없음을 알게 됩니다.
이렇게 관함이 실상참회입니다.
나무묘법연화경 제목을 일심으로 불러가고 불러옴이 곧 실상참회를 행
함이 됩니다.
진여의 실상은 범부도 성인도 부처님도 다 가지고 있는 본체의 성품이라
늘고 줄지 않으며 시간과 공간을 초월하여 영원불변의 청정 법신불 자체
입니다.

천태사교의에서 보는 사불지견

사불지견四佛知見이란 법화경 방편품에서 설하신 제법실상諸法實相의
도리이니, 소위 개시오입開示悟入이다.
사불지견을 천태사교의天台四教儀에서 해설함을 정리하여 보면,

개불지견開佛知見: 중생의 마음은 본래 부처님과 다를 바가 없지마는
시작도 없는 먼 과거로부터 쌓인 업業에 의해 번뇌에 싸여 있어 그
번뇌만 떨쳐버리면 묻혀져 있던 불성이 자연히 드러나게 되는데 이
것을 연다(開)고 한다.

시불지견示佛知見: 이렇게 드러난 성품을 통해 모든 사물에 있어서도
그와 똑같은 성품이 있음을 알게 되는데 이것을 본다(示)고 한다.

오불지견悟佛知見: 또한 안팎으로 그 성품이 있으며 그것으로 인해
모든 사물이 존재하게 됨을 깨닫게 되는데 이것을 깨닫는다(悟)고
한다.

입불지견入佛知見: 이러한 깨달음이 단순히 생각과 이해만으로 되는
것에서 벗어나 자유자재하게 실상의 도리를 몸소 체득해 나가게 되
는데 이것을 들어간다(入)고 한다.

이상의 네 단계는 깨달음의 과정을 분석하여 이해를 얻게 하고자 함이나 실은 한 생각(一念)에 얻어지는 것이다.

부처라 함도 중생이라 함도 나의 일념一念 가운데 일이라, 마음이 미혹할 때 중생이고 마음이 청정할 때 부처라 이름함이라.

일심법계一心法界라 하여 나의 한 생각(一念) 가운데 만법을 함장하고 있으니, 소위 일념삼천一念三千의 도리라.
한 생각 마음이 법계에 편만偏滿함을 만법이라 하고 일심법계라 한다.

나무묘법연화경 제목을 부른다 해도 마음 밖에 법이 있다고 생각한다면 이는 묘법이 아니니, 따라서 나의 일념一念을 가리켜서 묘법연화경이라 함이라.

그러므로 정명경淨名經에서 "제불諸佛의 해탈은 중생의 심행心行 가운데서 구하라"하셨으니, 번뇌즉보리煩惱卽菩提 생사즉열반生死卽涅槃의 도리라.

마음 밖에 법이 있다고 꿈에도 생각지 말라고 옛 선지식은 한결같이 밝히고 있느니라.

법화경 이야기

구원실성久遠實成의 석가 세존과
개성불도皆成佛道의 법화경과
중생의 셋은 전혀 차별이 없다고 깨달아
나무묘법연화경 제목을 봉창하는 바를
생사일대사生死一大事의 혈맥血脈이라고 하노라.
_ 일연대사 日連大師

나무묘법연화경 제목을 부르는 사람은
이 사람은 명命을 마치면
천 부처님께서 손을 주시어
두렵고 겁나지 않게 하시고
악도에 떨어지지 않게 하시며
곧 도솔천상의 미륵보살 계신 곳에 왕생하오리다.

법화경을 헐어 비방하고 믿지 않는 자는
그 사람은 명을 마치면
아비지옥에 들게 되느니라.
만약 사람이 믿지 아니하고 이 경을 헐어 비방하면
곧 일체 세간의 불종佛種을 끊는 것이 되느니라.

오역죄인 조달調達이가 천왕여래天王如來 기별받고
비기오장非器五障 용녀가 돈초 성불함이
한결같이 법화경력이니라.
제불諸佛의 말씀이 조금도 허망함이 없거늘
불립문자不立文字라 하여 교教를 가벼히 여긴다면
부처님의 일대성교一代聖教를 설하심이 왜 필요하리오,
법에 의지하고 사람에 의지하지 말라 하셨느니라.

부처님의 교教가 아니면 무엇으로 불사佛事를 행하리.
구원실성久遠實成 본각 여래의 성제지어誠諦之語를
불립문자不立文字라 하여 믿지 않는다면
출가사문이 머리 둘 곳이 없으리라.

부처님께서 열반경에서 유언하시기를,
경전 외에 정법이 있다고 하면 천마天魔의 설이라 하셨으니
불립문자不立文字 교외별전教外別傳을 어찌 믿으리오.
부처님의 명命은 법화경에서 이어지고 있도다.

나무묘법연화경은 모든 부처님 모든 보살의
만선만행萬善萬行의 모든 공덕과
모든 바라밀의 공덕과 제불諸佛의 지혜 장엄이
한결같이 모두 함장되어 있도다.

십여시十如是

십여시十如是란 법화경 방편품에서 설하신 불법佛法의 가장 궁극의
설법이시다. 부처님과 더불어 부처님만이 궁구하여 다하신 법이라
하셨다.

십여시는 제법실상諸法實相의 도리를 설하신 것이며, 법화경 적문迹門
의 핵심이며 꽃이다.

나의 몸이 삼신즉일三身卽一의 본각本覺의 여래임을 법화경에서 나타
내셨는데 소위 십여시十如是이다.

여시상如是相, 여시성如是性, 여시체如是體, 여시력如是力, 여시작如是作,
여시인如是因, 여시연如是緣, 여시과如是果, 여시보如是報, 여시본말구경
등如是本末究竟等이다.

여시상如是相이란 나의 몸의 형상에 나타난 모양을 말한다.

이를 응신여래應身如來라고도 하고 또는 해탈解脫이라고도 하고 또
가제假諦라고도 한다.

여시성如是性이란 나의 심성心性을 말한다.

이를 보신여래報身如來라고도 하고 또 반야般若라고도 하고 또 공제空
諦라고도 한다.

여시체如是體란 나의 신체身體를 말한다.

이를 법신여래法身如來라고도 하고 또 중도中道라고도 하고 법성法性

이라고도 하고 적멸寂滅이라고도 한다. 또 중제中諦라고도 한다.

그러므로 삼여시三如是를 삼신여래三身如來라 한다.

삼여시가 삼신여래라고 함은 나와 딴 곳에 떨어져 있다고 생각했으나 이미 나는 이 몸 가운데 있는 일인 것이다.

이와 같이 아는 것을 법화경은 깨달은 사람이라고 말한다. 삼여시를 근본으로 해서 이로부터 나머지 일곱 가지 여시如是가 나와서 십여시가 되는 것이다.

십여시十如是가 백계百界로도 천여시千如是로도 삼천세간三千世間으로도 되니, 이를 모두 나의 한 생각 속에 갖추었다고 하고, 일념삼천一念三千이라고도 팔만법장八萬法藏이라고도 말하고 있으나, 모두 삼제三諦의 법으로서 삼제 이외에는 법문이 없는 것이다.

그 까닭은 백계는 가제假諦이고 천여시는 공제空諦이고 삼천제법三千諸法은 중제中諦이다. 공空·가假·중中을 삼제라 하는 것이므로 백계, 천여시, 삼천세간이 모두 삼제인 것이다.

이것이 한 몸 가운데 있는 진리이며 불가사의한 것이므로 처음과 끝(本末)이 구경究竟에는 평등平等하다고 설하셨다. 이를 여시본말구경등如是本末究竟等이라 한다.

십여시十如是는 나의 몸 가운데의 삼제인 것이다. 삼제를 삼신여래三身如來라고도 말하므로 나의 마음과 몸 밖에는 선악善惡의 법이 티끌만큼도 없는 것이다. 그래서 나의 몸이 그대로 삼신즉일三身卽一의 본각本覺의 여래인 것이다.

이를 다른 곳에 별도로 있다고 생각하는 것을 중생이라 하고, 미혹함이라고 하고, 범부凡夫라 말하는 것이다.

삼제를 삼신여래三身如來라 하니, 이를 나의 몸 가운데 있는 것임을 아는 것을 여래라 하기도 하고, 깨달음이라고도 하고, 성인(聖人)이라고도 하고, 지자智者라고도 말한다.

이렇게 깨닫고 분명하게 관觀한다면 이 몸 그대로 현생現生 가운데 본각本覺의 여래如來를 나타내니, 이를 즉신성불卽身成佛이라고 일컫는 것이다.

이 깨달음에 들어가서 부처를 나타내는 것이 오래인 것 같지마는 일생一生 내에 나타내서 나의 몸이 삼신즉일三身卽一의 부처가 되는 것이다.

본각本覺의 현실로 돌아와서 법계法界를 보면 모두 적광寂光의 정토로서 평소에 하천하다고 생각한 나의 이 몸이 삼신즉일三身卽一의 본각本覺의 여래如來로 되어 있는 것이다.

상上·중中·하下의 근기 차별이 있어도 똑같은 일생 안에 제불여래諸佛如來와 일체一體이니 둘이 아님을 깨달아야 한다.

볍씨가 조생종, 중생종, 만생종이 있어도 그해 가을에 모두 거두는 것과 같이 일생一生 안에 성불하여 여래가 되는 것을 밝히는 진리이다.

묘법연화경의 당체가 나의 심성心性의 백연화白蓮華인 것이다. 그러므로 나의 몸 체성體性이 곧 묘법연화경인 것이므로, 자신의 몸이 곧 법화경이며 자신의 몸이 곧 삼신즉일三身卽一의 본각本覺의 여래인 것이다.

삼신여래三身如來는 결코 다른 곳에 없으며 나의 몸이 곧 삼덕구경三德究竟의 본체로서 삼신즉일신三身卽一身의 본각의 부처이다.

이를 아는 것을 여래 혹은 성인이라 하고 깨달음이라 하고 이를 모르면 범부중생이라 한다.

십여시의 법문을 설하여 즉신성불의 도리를 밝혔으니, 수행의 등불이 되었으면 합니다.

※가제: 있다는 모든 것은 인연으로 잠시 형성된 것이며 항상함이 없는 것이니, 이를 곧 가제라 한다.

※공제: 있다는 모든 것은 공空하여 실체가 없는 것이니, 이를 깨달아 아는 것을 공제라 한다.

※중제: 가제가 곧 공제요 공제가 곧 가제이니, 공과 가가 불가사의 하나이며 둘이 아님을 깨달아 아는 것이 중제이다.

※반야般若: 지혜를 말한다.

※삼천세간三千世間: 일념삼천一念三千과 같은 뜻이다.

※체성體性: 나의 신체와 성품

※삼신즉일三身即一: 법신·보신·화신인 삼신이 곧 나의 한 몸 가운데 있음을 말함. 삼신이 곧 일신이요, 일신이 곧 삼신임을 말한다. 이 십여시는 믿기 어렵고 이해하기 어려운 법문입니다. 그러나 법화경과 인연하고 있는 불자들을 위하여 부처님께서 밝히신 진리와 천태, 일련 등 옛 성현들께서 드러내신 말씀을 보다 쉽게 엮어 밝히오니 자신의 몸 가운데서 여래를 깨닫고 묘법연화경을 깨닫는 기연이 되었으면 하는 간절한 바램입니다.

나무묘법연화경 나무묘법연화경 나무묘법연화경

법화경 이야기

마음의 거울에 법화경 문자의 광명이 비치면
중생 성불의 빛이 되어 밝게 비치게 되리라.
중생이 성불하는 것은 오로지 법화경의 힘이로다.

경전에 이르시기를,
만약 어떤 사람이 칠보로써 삼천대천세계에 가득 채워서
부처님과 보살과 벽지불과 아라한에게 공양할지라도
이 사람의 얻은 바 공덕은
이 법화경의 일사구게를 받아지닌 공덕에 미치지 못함이라.

칠보를 사성四聖에 보시함이
법화경 한 게송 받아지닌 공덕에 미치지 못한다 하심은
법화경은 제불諸佛의 안목이요 제불의 스승이며 제불의 출생하는 종
자이니
인人은 가볍고 법法은 무겁기 때문이니라.
시방삼세 제불께서 출생하는 당처가 곧 법화경이기 때문이니라.

법사품에서 이르시기를,
약왕이여, 만약 어떤 악한 사람이 착하지 못한 마음으로
일 겁 동안 부처님 앞에 나타나 항상 부처님을 헐뜯고 욕할지라도

그 죄는 오히려 가벼우나
만약 어떤 사람이 한 마디 악한 말로써 집에 있는 이나 출가한 이의
법화경을 읽고 외우는 자를 헐뜯고 비방하면
그 죄는 심히 무겁느니라.

법화경은 일체 중생을 부처가 되게 하는 묘약妙藥이니라.
나무묘법연화경 제목은 자신을 독에서 구해내는 양약良藥이니라.

나무묘법연화경 나무묘법연화경 나무묘법연화경

여아등무이如我等無異

마음(心)과 부처(佛)와 중생衆生 이 셋은 나의 한 생각(一念) 가운데
있고 심외心外에는 없다고 관觀觀해야 하느니라.

부처님의 명명明과 중생의 무명無明은 그 체體體는 오직 하나이니, 본각의
여래는 나의 몸속에 있다고 믿어야 하느니라. 여래란 일체 중생의
신심身心 속에 머물고 있어 잠시도 떨어지는 일이 없으므로 세간과
출세간이 화합하여 마음 가운데 있으면 마음을 떠나 결코 다른 법이
없느니라. 이런 도리를 열 때 속히 불과佛果를 얻으리라.

법화경은 자행自行과 이타利他의 두 가지를 갖추고 있으므로 수레의
양 바퀴와 같아 자신이 성불의 성성城에 곧바로 갈 수 있느니라.

일대성교一代聖教는 자신 일인의 법이므로 자신의 본체의 일이라고
믿어야 하느니라.

나무묘법연화경 제목을 받들어 부르는 자는 여아등무이如我等無異니
라. 나와 평등하여 다름이 없게 함이라.

묘법妙法 이외에 여아등무이如我等無異는 없음이라.

성문약보살聲聞若菩薩　　성문이나 혹은 보살이
문아소설법聞我所說法　　내가 설하는 바 법을
내지어일게乃至於一偈　　한 게송이라도 들을지라도
개성불무의皆成佛無疑　　성불함이 의심이 없느니라.

묘법연화경을 받아지님으로써 성불함이 의심이 없다는 부처님의 금언金言이니라.

이 마음을 깨달아 앎을 여래라 하고 묘법이라 하며 이를 깨달아 알고 나면 십법계十法界가 나의 몸이고 나의 마음이고 나의 모습이니, 여시상如是相·여시성如是性·여시체如是體이니라. 이를 삼신여래三身如來라 하니 본각本覺의 여래는 나의 몸과 마음이니라. 이를 깨달아 앎을 여래如來라 하고 법성法性이라 하며, 이를 알지 못함을 무명無明이라 하며, 무명과 법성은 일심一心 가운데 일이니라. 비록 이름이 다를지라도 마음은 오직 하나이며 둘이 아니니라. 이런 까닭으로 무명을 단절하려고 애쓸 것이 아니라 그 마음을 깨달아 아는 것이 시급한 일이로다.

자신의 마음을 떠나 십법계는 없느니라.

이 몸과 마음 가운데 만덕萬德을 구족한 삼신여래三身如來가 머물고 있느니라.

십법계가 하나도 빠짐없이 일법계 가운데 구족되어 있고, 구법계는 무시이래 불계佛界를 함장하고 있고, 불계는 구법계를 빠짐없이 함장하고 있느니라.

구법계즉불계九法界卽佛界 불계즉구법계佛界卽九法界이니라.

십계호구十界互具

지옥, 아귀, 축생, 아수라, 인간, 천상, 성문, 연각, 보살, 불계佛界를 십법계十法界라 하나니, 하나하나의 법계마다 각각 저마다 십법계를 갖추고 있으니, 이를 십계호구十界互具라 한다.

지옥은 지옥대로 불계를 갖추고 있으며, 축생은 축생대로 불계를 갖추고 있고, 인간은 인간대로 불계를 갖추고 있으며, 불계는 불계대로 구법계九法界를 갖추고 있는 것이다.
따라서 십법계를 떠나서 별도로 불계는 있을 수 없으니, 불계는 중생의 한 생각(一念) 가운데 갖추고 있는 것이다.

제바달다가 천왕여래가 됨은 지옥계가 갖추고 있는 불계요,
팔세 용녀가 돈초 성불함은 축생계가 갖추고 있는 불계요,
사리불이 화광여래華光如來가 됨은 성문이 갖추고 있는 불계이며,
'내가 보살도를 닦아 얻은 수명은 위의 수보다 배이니라.' 하심은 불계가 갖춘 구법계이다.

중생은 중생인 채 불계를 갖추고 불계는 불계대로 중생계를 갖추고 있으니 이런 도리를 십계호구十界互具라 한다.
중생계즉불계衆生界卽佛界 불계즉중생계佛界卽衆生界인 것이다.
중생의 한 생각 가운데 불계를 갖추고 있으므로 중생의 마음을 떠나

불계는 홀로 존재하지 않는 것이다.

자신 가운데 십법계를 갖추고 있음을 다시 살펴보면,
한 생각을 돌이켜 무명번뇌無明煩惱를 멸진하고 진여실상眞如實相을
회복하면 이를 부처라 함이요,
한 생각 자비심은 보살이요,
한 생각 지혜로움은 연각이요,
한 생각 청정함은 아라한이요,
한 생각 착(善)함은 천상이요,
한 생각 정직함은 인간이요,
한 생각 투쟁은 아수라요,
한 생각 어리석음은 축생이요,
한 생각 탐욕은 아귀요,
한 생각 성냄은 지옥이니,
이와 같이 한 생각 속에 십법계를 머금고 있으므로
한 생각 속에 사성육범四聖六凡의 십법계를 갖추고 있으니,
한 생각은 우주만상의 핵核이요 본체인 것을 알 수 있다.

법화경은 심고유원하다

법화경은 심고유원深固幽遠하여 오직 부처님과 부처님만이 궁구하여 다하신 법이다.

법화경장은 깊고 견고하며 그윽하고 아득하여 이승二乘이 시방 세계에 갈대숲과 같이 들어차서 다함께 생각하여 헤아릴지라도 작은 부분도 알지 못한다 하셨다.

시방 삼세 모든 부처님께서 출생하시는 종자이며, 삼세 제불의 안목이요, 모든 부처님의 일체종지一切種智가 오롯이 담겨 있으므로 심고유원하지 않을 수 없다.

시법불가시是法不可示   이 법은 가히 보일 수도 없고
언사상적멸言辭相寂滅   말과 형상이 적멸이니
제여중생류諸餘衆生類   모든 다른 중생들은
무유능득해無有能得解   능히 이해할 수 없으나……

이렇게 이 묘법은 눈으로 보는 대상이 아니니 보여줄 수도 없고, 말과 형상이 적멸하니 해설하여 설할 수 없으니 일체어언도단一切語言道斷이요, 마음으로 헤아려 알 길이 없으니 심행처멸心行處滅이라 하셨다.

법화경장法華經藏은 심심미묘법甚深微妙法이라 보기도 어렵고 이해하여 깨닫기도 어려움이라, 난견난가료難見難可了라 하셨으니 실로 눈

166

으로 보는 대상이 끊어진 것이요 마음으로 헤아려 알 길이 없기에 믿기 어렵고 이해하기 어려운 법이라 하셨다.

진여眞如의 법성法性은 실로 볼 수 있는 것이 아니기에 적멸寂滅이라 이름하니, 말과 형상과 생각이 끊어졌으되 끊어졌다는 생각마저 끊어진 상태이다. 이렇게 말과 형상과 생각이 끊어진 도리를 제법실상諸法實相이라 하며, 곧 법화경장法華經藏의 심고유원深固幽遠한 법이다. 법화경 문자文字가 곧 여래의 깊은 지혜이고 법신法身이며 여래장如來藏이다. 따라서 나무묘법연화경 제목을 일심으로 부름이 곧 여래행如來行이다.

늙지도 않고 죽지도 않는 도리

어떤 불자로부터 전화가 왔다.

법화경 약왕보살본사품의 내용 중에 "이 경은 곧 염부제 사람의 병에 좋은 약이 되느니라. 만약 사람이 병이 있어 이 경을 얻어들으면, 병이 곧 소멸하여 늙지도 않고 죽지도 않느니라."라는 대목에서 '모든 사람이 몸을 받았다면 늙고 병들고 죽어야 하는데 이 법화경을 받아 지님으로 해서 병도 낫고 늙지도 않고 죽지도 않는다는 내용을 어떻게 믿고 이해하겠습니까? 신심이 떨어진다.'는 내용이었다.

불자님, 경전의 내용을 그렇게 이해하면 큰일입니다. 육안으로 보는 대상으로만 불법을 이해하고자 한다면 결코 안 됩니다.

우리의 본래 성품은 무시이래 불생불멸不生不滅입니다. 생生이 없는데 병들 것이 어디 있고 늙고 죽을 것이 어디 있겠습니까?

경전에서 늙지도 않고 죽지도 않는다는 말씀은 우리의 진여의 성품인 실상實相을 두고 하신 말씀입니다. 부모로부터 몸을 받았다면 누구나가 늙고 병들고 마침내 죽게 됩니다. 그러나 이것은 색신色身에 국한되고 우리의 진여실상眞如實相은 본래부터 나고 죽음이 없습니다.

따라서 경전의 늙지도 않고 죽지도 않는다는 말씀은 진여법성을 깨달으면 나고 죽음이 있을 수 없는 도리를 알게 된다는 말씀입니다. 생사에 걸림이 없게 된다는 뜻입니다.

법화경을 받아지녀 법답게 수행함으로 해서 생사가 본래부터 없다는 것을 깨닫게 됩니다. 생사가 본래부터 없었는데 새삼스럽게 늙고 죽음이 어디 있겠습니까? 병이 곧 소멸된다는 말씀도, 병이란 전도된 중생의 마음의 병입니다. 불난 집에서 살고 있으면서 불이 무엇인지 타는 것이 무엇인지 모르고 탐진치貪瞋癡에 물들어 온갖 고통을 갖추어 받고 있는 것이 마치 불난 집과 같은 것입니다.

이 법화경을 받아지님으로 해서 불난 집에서 나와 모든 고통에서 벗어날 수 있으니, 병이 곧 소멸된다 하신 것입니다.

법화경을 난신난해지법難信難解之法이라 합니다. 믿기 어렵고 이해하기 어려운 법이니, 먼저 법화경을 수행하고자 한다면 경에 밝은 눈을 뜬 선지식을 만나는 것이 급선무입니다.

해탈解脫과 업해業海가 곧 불이不二요, 반야般若와 번뇌煩惱가 곧 불이不二며, 법신法身과 고신苦身이 곧 불이不二입니다.

진여법성眞如法性은 본래부터 적멸하여 무엇에 잡아 매일 실체實體가 없고 얽매는 주체主體도 없으나, 자신 스스로가 생사生死에 얽매여 삼계三界를 두루 윤회하고 있을 뿐입니다. 이런 도리를 염부제 사람의 병에 좋은 약이라 하심은, 중생의 전도된 병을 치유하는 데 법화경보다 더 좋은 약은 없습니다. 모든 중생을 불지견佛知見에 들게 하니까요.

법화경을 견고한 마음으로 믿고 수행한다면 늙지도 않고 죽지도 않는 도리를 멀지 않은 세월에 깨달아 해탈을 얻을 것입니다.

생멸生滅이 없는 법신法身과 생멸이 있는 고신苦身은 불가사의 둘이 아닙니다.

중생 성불이 불교의 구경이다

불교는 부처님을 믿는 것으로 끝나는 종교가 아니라
자신의 진여법성眞如法性을 깨달아
부처가 되는 것이 구경究竟이다.

임금 아들은 임금이 되어야 하고
하나님 아들은 하나님이 되어야 하고
부처님 아들은 부처님이 되어야 한다.
그 부처님 되는 길을 설하신 경전이
곧 묘법연화경이다.

자신이 절대자가 되고
자신이 주인공이 되고
자신이 부처가 되어야 한다.
이는 묘법연화경에서 밝히신 제법실상諸法實相의 도리를
깨달음으로써 한결같이 성불의 극과를 얻게 되는 것이다.

사리불이 화광華光 여래가 되시는 것도
가섭존자가 광명光明 여래가 되시는 것도
오역죄인 제바달다가 천왕天王 여래가 되시는 것도
8세 용녀가 돈초頓超 성불하시는 것도

모두가 묘법연화경력으로 가능한 일이다.

일체 중생이 한결같이 이 묘법으로 해서
구경지究竟地인 여래가 되는 것이다.
이러하므로 부처님께서는
내가 멸도한 뒤에
법화경을 받아지닌 자에게 성불 수기를 주노라.
이런 사람은 아뇩다라삼먁삼보리를 얻을 것이니라.
이 법을 받아지닌 자 성불 못함이 한 사람도 없으리라 하시고
일체 중생의 성불의 문을 열어놓으신 것이다.

불교는 깨달음의 종교이다.
자신의 진여법성을 깨달아 회복하는 일이 급선무이다.
이는 묘법연화경을 여설수행如說修行함으로써
그 문이 열리게 된다.

나무묘법연화경 제목을 일심으로 불러갈 때
자신의 진여법성에 귀의함이요,
자신의 진여실상을 회복하는 길이다.

일체중생 실유불성一切衆生 悉有佛性
일체 중생이 다 불성이 있다고 하지마는
수행하지 않으면 그 불성을 드러낼 수 없다.
나무묘법연화경 제목을 일심으로 불러갈 때

자신의 불성에 귀의함이요,
자신의 불성을 회복하는 수행이 된다.

과거 현재 미래 삼세의 모든 부처님께서는
묘법연화경을 수행하시고 성불하셨고
또한 일체 중생도 이 묘법을 받아지녀 수행하고서는
마침내 불도를 이루게 된다 하셨으니,
묘법연화경은 삼세 제불 출생의 종자이시며
삼세 제불의 스승이시며 안목이라 하셨다.
그러므로 이 경을 받아지닌 자는
이미 부처님을 뵈온 자이며 부처님을 머리에 인 자라 하신 것이다.

나무묘법연화경 제목을 일심으로 부를 때
시방 삼세 모든 부처님의 공덕이 모이고,
모든 불보살의 기氣가 모이는 때이니,
그 공덕을 사사로이 말할 수 없는 것이니라.
이런 사람은 부처님과 동행하는 자이니라.

불교는 부처님을 믿고 끝나는 종교가 아니라
부처님께서 설하신 경전 따라 수행하여
자신의 진여법성을 깨달아 해탈을 얻는 것이다.

스승에 의해

육바라밀을 성취하는 것은 스승에게 달려 있다.
해탈을 성취하는 데는 스승보다 더 중요한 것은 없다.
그냥 보고서도 가능한 일도 가르쳐주는 이,
없어서는 안 되는 이
하물며 삼악도에서 막 나와 가보지 못한 경지로 가는 데에는
스승이 없이 어떻게 되겠는가?
_보살장경에서

사견邪見을 가진 사람에 의지하면 사람들이 쇠퇴하게 되고
자신과 앎이 같은 이에게 의지하면 그대로 있게 되고
보살에 의지하면 육도를 원만히 닦고
세존에 의지하면 최상승의 깨달음을 얻게 된다.
그러므로 자신보다 뛰어난 이에게 의지해야 한다.

사제법四諦法에 의지하면 연각을 증득하고
육바라밀에 의지하면 보살도를 성취하고
실상實相을 닦아 의지하면 묘법을 성취하며
장구長久한 여래의 수명을 믿고 깨달으면
부처님의 뛰어난 수명을 얻게 된다.
그러므로 뛰어난 일승묘법에 의지해야 한다.

불자들 가슴속에 묘법이 살아 있기를

불자들로부터 이런저런 사연이 담긴 연하장과 편지가 50여 통 왔다.
연하장을 보내는 입장에서 보면 자신의 마음 한켠에 스님의 설법이
자리하고 있다는 뜻일 것이다.
연하장을 받은 스님은 고맙고 감사하다.
스님의 바람은 그분들의 마음에 항상 묘법이 살아 있는 것이다.
나무묘법연화경 제목이 팔팔 살아 있기를 바란다.
자신 가운데 묘법이 살아 있다면, 극대승克大乘이 살아 있다면, 언젠
가 묘법을 깨달아 불도를 이룰 것이다.

이 좋은 약을
이제 여기에 놓아둘 테니
너희가 가져다 먹어라.
차도가 나지 않을까 근심하지 말라.
_ 여래수량품에서

이 좋은 약이란 바로 묘법연화경이요,
이제 여기에 놓아둔다 하심은
묘법의 진리를 설하여 세상에 밝히심이요,
너희가 가져다 먹어라 하심은
너희가 묘법을 받아지녀 수행하라 하심이며,

차도가 나지 않을까 근심하지 말라 하심은
묘법을 수행함으로 해서 반드시 불성佛性을 회복한다는 말씀이다.

부처님께서는 모든 중생이 묘법의 양약을 먹고는
전도된 마음의 병을 고치길 간절히 바라시건마는
그러나 중생들은 독약의 중독으로 인하여
묘법의 양약을 좋지 않다고 생각하여 먹지 않는 것이니,
실로 안타까운 일이 아닐 수 없다.

나무묘법연화경 제목이 팔팔 살아 있는 것이
곧 이 좋은 약을 옳게 먹는 것이 된다.
이 약을 먹되 차도가 나지 않을까 걱정하지 말라 하신
자부慈父의 금언金言을 어찌 잊으리오.
묘법이 자신에게 살아 있는 나날이 되기를 기원합니다.

연하장 보내주신 모든 불자들께 감사드립니다.

나무묘법연화경 나무묘법연화경 나무묘법연화경

정법에 순응하리라

모든 설한 바 법이 그 뜻을 따라서
모두 실상實相과 더불어 위배되지 않으며,
혹은 속세간의 경서와 세상을 다스리는 말과
살림하고 생활함을 말할지라도
모두 정법에 순응하리라.
_ 법사공덕품에서

법화행자가 정치하는 일이나 살림하고 상업하는 말과
속세의 생활하는 말을 할지라도 정법과 일치한다는 말씀이다.
법화행자가 경을 읽고 또 읽고 하여 실상을 증득함으로 해서
세상의 이치를 실상과 같이 보고 알기 때문이다.

법화경 수행한 공덕과 지혜를 에너지로 전환하여 토해내기 때문에
정법과 흐름을 같이 하기 마련이다.

나무묘법연화경 제목을 순일하게 부르는 수행이 곧
계정혜戒定慧 삼학을 닦음이 되고
계정혜 삼학을 닦으면 팔정도八正道가 팔팔 살아나게 된다.

묘법행자는 실상을 증득하므로 모든 사물을 바로 보고

바르게 생각하고 반듯한 말을 하게 되며
바른 업을 짓고 반듯한 행을 짓는 등 바른 생활을 하게 된다.
범부의 사량분별은 점점 사라지고 여여한 불보살의 행을 행하게
된다.

묘행의 양약을 먹고 또 먹으면 그 공덕과 지혜의 힘이
법화행자로 하여금 반듯한 행동과 언행의 소유자가 되게 한다.
나무를 기둥감이나 대들보로 쓰기 위해서는
목수가 먹줄을 튕겨 잘못된 부분을 모두 깎아내듯
묘법을 여설수행하면 범부의 중생심이 하나하나 제거되는 것이다.
그러므로 묘법행자가 정치하는 말이나 장사하는 말이나
속세간의 말을 할지라도 정법에 순응하게 된다.
이는 법을 보는 눈과 생각이 반듯하기 때문이다.

나무묘법연화경 제목을 순일하게 불러갈 때
자신의 세포 하나하나가 불보살의 세포로 전환하는 것을 느끼게
된다.
자신의 몸과 마음이 법과 같이 일치함을 깨닫게 된다.
이 묘법을 받아지닌 자는 부처님과 같이 하니,
같이 자고 같이 생활하며 같이 일어나고 동행함이 된다.
불보살의 생명이 자신 가운데 살아 활동하고 있음을 깨닫게 되리라.

원교의 사제

미혹의 근원이 인간의 작위作爲인 것이니, 그 작위를 그치면 자연히 중도中道가 나타나므로 그 무작無作의 사제 및 십이인연의 교리를 설하는 것이 천태학에서 설하는 가르침이다.

다시 말씀드리면 원교圓敎의 사제四諦는 무작의 사제라 한다는 것이다. 일체의 분별과 작위作爲를 없애는 데서 고苦의 당체가 그대로 법성法性으로 현전하는 것이니, 거기에는 버릴 법도 취할 법도 없다는 것이다.

생사즉열반生死卽涅槃 번뇌즉보리煩惱卽菩提의 경지가 바로 그것이므로 사성제四聲諦가 한마디로 무작無作 이외의 아무것도 있을 수 없다는 것이다.

불생불멸자不生不滅者 불불생不不生 불불멸不不滅 이현중도以顯中道
불생불멸은 불생不生하지 않고 불멸不滅하지 않음으로써 중도를 나타낸다.

마하지관에서, 원교보살의 입장에서 보면, 고苦와 낙樂이 불이不二이다.
이승二乘은 고를 싫어하고 낙을 추구하며, 생사를 싫어하고 열반을 구하며, 번뇌를 여의고 보리를 얻으려 한다.

중도의 입장에서 보면, 고가 곧 낙이요, 생사가 곧 열반이요, 번뇌가
곧 보리인 것이다.
그러므로 분별심으로 짓지 아니하면 고의 당체가 그대로 법성法性으
로 현전한다는 것이다.
본래부터 중도실상이어서 버릴 법도 취할 법도 없다는 것이다.

불생불멸이란 불생하지 않고 불멸하지 않음으로써 중도를 나타낸다
라고 함은 본래부터 남이 없고 멸이 없으므로 불생하지 않고 불멸하
지 않는 것이다.
바로 중도실상일 뿐이다.

법에 묶이지 말라

묘법을 수행함에 있어 편안하고 안정된 마음으로
즐거운 마음으로 임해야 한다.
몸과 마음이 따라주지 않는데
억지로 강박관념으로 수행에 임한다면
법을 성취하기 어렵다.

나무묘법연화경 제목을 봉창할 때에도
편안하고 안정된 자세로 순일하게 불러간다.
자신의 부처에 귀의한다는 생각과
자신의 불성을 회복한다는 기쁨으로 불러가야 한다.
나무묘법연화경 제목을 일심으로 부르면
대우주와 하나가 된다.
제법실상諸法實相의 도리를 깨닫게 된다.
무량 겁 동안 쌓인 무명을 파하고
진여법성(眞如法性)을 회복하게 된다.

나무묘법연화경 제목을 순일하게 부르면
법희심法喜心과 선열심禪悅心을 얻게 되니,
위없는 법을 받아지녔다는 기쁨과 선정을 얻는다.

이렇게 묘법을 편안하고 즐겁게 수행해야 한다.
몸과 마음이 따라주지 않는데 강박관념으로 억지로 수행한다면
법에 신심을 잃을 수 있다.

세계를 몇 번이나 제패한 유명한 피아니스트가 실토하기를
피아노 건반이 악어 이빨처럼 보일 때가 있었다고 했다.
이는 꼭 일등을 해야 한다는 강박관념과
좋은 음악을 연주해야 한다는 중압감에서 생긴 스트레스로 인하여
피아노 건반이 악어 이빨처럼 보였을 것이다.

나무묘법연화경 제목을 부를 때 제목과 자신이 하나가 되어야 한다.
편안한 마음과 환희심으로 묘법을 수행할 때
묘법과 일여一如가 된다.
묘법을 수행하되, 법에 묶이지 말아야 한다.

법화경 사경 이야기

새벽 예불과 수행을 마치고 바로 법화경 사경을 시작한다.
정신을 가다듬고 먹을 갈아 먹의 농도를 잘 조절하여
한 자 한 자 경전을 사경하다 보면 어느덧 사경삼매에 들게 된다.
경전이 담고 있는 생명과 사경하는 스님이 하나가 된다.
붓끝에 혼신의 기氣를 실어 사경을 하면
먼저 자신을 잊고 시간의 흐름을 잊어버리고 번뇌가 잠들게 된다.

무상도인 법화경을 사경한다는 것은 뜻깊은 일이요 행복한 일이다.
사경을 끝낸 경전을 독송하면 부처님의 생명을 느끼게 되고
안도감과 행복함이 가득해진다.
법화경의 한 자 한 자는 곧 부처님의
생명이요, 혼이요, 법신法身 사리다.

이 대승경전은 모든 부처님의 보배 법장이며,
시방 삼세 모든 부처님의 안목이며,
삼세 모든 여래께서 출생하시는 종자이니,
이 경을 지니는 자는 곧 부처님의 몸을 지님이며,
곧 부처님의 일을 행함이니라.

마땅히 알지니라.

이 사람은 곧 바로 모든 부처님께서 심부름시키신 바이며,
모든 부처님 여래의 옷으로 덮은 바이며,
모든 부처님 여래의 진실한 법자法子이니라.
너는 대승을 행하여 법의 종자가 끊어지지 않게 하며,
너는 지금 동방의 모든 부처님을 살펴 관觀할지니라.

_ 행법경에서

법화경은 시방 삼세 모든 부처님께서 출생하시는 모태母胎이시며,
모든 부처님의 안목이시며,
모든 부처님께서 세상에 출현하시는 근본이시다.
이렇게 거룩한 경전을 한 자 한 자 사경을 하면
자신 가운데 잠들어 있는 부처를 깨우는 뜻깊은 불사가 된다.

경주 불국사의 다보탑을 해체하여
보수 복원불사를 진행하고 있는 것으로 알고 있다.
다보탑 속에는 반드시 법화경을 봉안하여야 한다는 염원을
법화경을 수행하고 있는 스님은 항상 가슴에 품고 있다.
법화경의 말씀은 모두 진실이며 가장 위대한 경전임을 증명하시고자
땅으로부터 솟아나오신 분이 바로 다보부처님이시다.

불국사를 창건하고 석가탑과 다보탑을 건립한 김대성 불자님은
법화행자이시며 법화경이 길이길이 광선유포되기를 염원하면서
법화도량인 불국사를 창건하고
석가탑과 다보탑을 건립한 것으로 본다.

만약 다보탑을 복원하면서
복장에 법화경이 아닌 다른 경전을 봉안한다면
이는 큰 문제가 아닐 수 없다.
다보탑을 건립한 의미를 잃게 되고 다보탑은 생명성을 상실함이
된다.

반드시 법화경을 다보탑 복장으로 장엄 봉안하여야 한다.
법화경을 다보탑 속에 봉안함으로 해서
다보탑은 영원성의 생명을 찾게 될 것이며
불국토 건립의 본래 염원을 이어갈 것이다.

법화경 설하는 곳에만 다보탑이 용출하시는 의미를 새겨보자.
법화경이 모셔져 있는 곳에는 부처님의 사리를 봉안하지 말라.
왜냐하면 이 가운데는 이미
여래의 전신全身이 계시기 때문이라 하셨다.
법화경의 한 자 한 자는 곧 법신사리 자체이다.
법화경 법신사리가 머무는 곳에는
부처님의 진신사리도 봉안하지 말라 하셨는데
항차 다른 경전을 모실 이유가 있겠는가.
다보탑 속에 법화경이 봉안 장엄되지 않는다면
이는 탑의 생명성을 이미 상실한 것이 된다.

보현이여, 만약 이 법화경을 받아지니고 읽고 외우며
바르게 기억하고 생각하며 닦아 익히고 베껴쓰는 자가 있으면

마땅히 알지니라.

이 사람은 곧 석가모니 부처님을 뵈온 것이며,

부처님의 입으로 이 경전을 듣는 것과 같으니라.

마땅히 알지니라.

이 사람은 부처님이 착하다고 칭찬함이며,

마땅히 알지니라.

이 사람은 석가모니 부처님이 손으로

그의 머리를 어루만져 주는 것이며,

마땅히 알지니라.

이 사람은 석가모니 부처님이 옷으로 덮어 주는 바가 되느니라.

_보현보살권발품에서

위와 같은 부처님 말씀을 마음에 담고

오늘도 법화경을 한 자 한 자 사경하면서

불국사 다보탑 속에 법화경이 봉안 장엄되기를 염원해 본다.

우주 법계가 곧 거룩한 도량

내가 어릴 적에 어떤 사람이 나의 손금을 보자더니
너는 다음에 크고 훌륭한 집에서 살겠다고 하였다.
내가 출가 사문이 된 후에 문득 그 말이 생각났다.
삼보를 봉안하고 있는 대웅전보다 더 훌륭한 집이
또 어디에 있을까 하는 생각이 든다.

묘법을 수행하는 법화도량에서 내 자신을 탁마하고
밤낮으로 항상 본문삼보本門三寶를 머리에 이고 생활하는 지금보다
더 나은 삶이 어디 있고
또 대웅전보다 더 훌륭한 집이 어디 있을까 하고 생각해 본다.

묘법을 수행하면
이 사대육신이 곧 부처가 살고 있는 집이라는 것을 알게 된다.
이 몸 당체가 삼신이 머문 집이다.
환경 따라 변화하는 상相은 화신불이요,
형상은 없지마는 온갖 곳에 알음알이를 내는 것은 보신불이요,
상相과 성품性을 담고 있는 이 육신은 법신불이 된다.
여시상如是相 여시성如是性 여시체如是體가 곧 삼신불의 작용이다.

인연이 다하면 사대각리四大各離하는 육신 가운데

삼신불이 머물고 있으니
이 육신이 거룩한 집이 아니겠는가.
이런 도리를 깨달아 활용하면
이 육신이 거룩한 도량이요 대웅전이 되나,
알지 못하면 오물이 담겨 있는 가죽푸대가 된다.

사람들은 저마다 삼신불을 여읠래야 여읠 수 없건마는
전도된 마음으로 이를 알지 못하고 있다.
자신 가운데 무가보주가 이미 구족되어 있건마는
이를 알지 못하고 밖에서 무엇을 구하려 한다.
자신의 사대육신이 바로
부처가 살고 있는 훌륭한 도량임을 먼저 알아야 하리라.

더 넓게 보면
우주 법계가 불국토요 도량 아님이 없고
시방국토 어느 곳이든 부처님 아니 계심이 없으니,
내가 머문 당처가 곧 부처가 머문 당처이니라.
우주 법계가 곧 거룩한 도량이니라.
법계를 떠나 부처도 없고 내 자신도 없다.
따라서 법계가 곧 나의 집이요 도량이니라.
우주법계와 내 자신이 불이不二이니라.

마음의 실상

마음을 잃어버리면 백 년을 산다 해도 죽어 있는 것과 같고
마음의 실상을 깨달아 알면
천지우주가 다 깨져버려도 상관이 없다.
허공이 다 부서진다 해도 마음의 실상은 생멸이 없건마는
이를 알지 못하고 눈앞의 생멸하는 세계에 매달려
스스로 불안 초조와 고통을 자초하고 있네.

사람의 근본 생명은 금생이 처음이 아니고
또한 끝이 아니니
시작도 없는 과거로부터 이어져 왔고
미래 겁이 다하도록 이어질 것이다.
영원 상주의 도리를 저마다 갖추고 있건마는
사람들은 이런 도리를 알지 못하고
자신의 수명을 몇몇 년으로 한정짓고 있네.

오묘하고 신비한 자신의 수명을 알고자 할진대
마음의 실상을 깨달아 알지니라.
마음의 실상은 생멸이 없고
나오고 들어감이 없으며
형상도 없고 모양도 아니며

빛도 없고 향기도 없으나
온갖 곳에 두루하지 않은 곳이 없어
좁게는 바늘 끝도 용납하지 않고
넓게는 우주를 감싸고 있네.

세상에 있다는 온갖 모든 것이
마음이 조작한 것이니
그 마음의 실상을 깨달으면
모든 고통과 생사에서 자유인이 되리라.

마음의 실상(본성품)은 불생불멸이라,
그 마음 무유생사無有生死이니
생사가 있을 수 없다는 뜻이다.
무유생사의 뜻을 깨달아 증득한다면
머지않아 도량에 나아가 법좌에 앉으리라.
묘법연화경은 마음의 실상을 노래하심이니
그 마음을 깨달아 앎이 곧 묘법을 깨달아 앎이니라.

마음의 실상이 곧 묘법연화경의 제법실상입니다.
마음의 실상을 밝히신 경전의 내용을 살펴보면

* 이 법은 가히 보일 수도 없고 말과 형상이 적멸이니…
   _ 방편품

* 여래는 삼계의 상相을 실상과 같이 보고 알아

　생사와 혹은 물러남과 혹은 나옴도 있음이 없고,

　또한 세상에 있거나 멸도한 자도 없으며,

　진실도 아니고 허망함도 아니며,

　같은 것도 아니고 다른 것도 아니며,

　삼계에서 보는 삼계와 같지 않느니라.

　_ 여래수량품

위의 경전의 말씀이 근본 성품자리를 설하신 내용입니다.

곧 마음의 실상을 드러내신 것입니다.

묘법이 곧 실상이요, 마음이 곧 묘법입니다.

따라서 삼계의 상이 곧 제법실상이요, 마음의 실상입니다.

묘법은 부처님의 생명

진리를 배워 많이 아는 것보다 실천하는 것이 더 어렵고
많이 가진 자가 오만하지 않기 어렵고
채우기보다 비우기가 더 어렵고
명예를 얻기보다 지키기 어렵고
남에게 이기기보다 질 줄 아는 것이 더 어렵습니다.
산이 높으면 골짜기가 더 깊고
밝은 이면에는 그림자가 있기 마련입니다.

세속의 인생살이가 마치 불난 집과 같습니다.
생로병사生老病死와 우비고뇌憂悲苦惱의 고통이 따르고
탐진치貪瞋癡 삼독에 빠져 온갖 고통을 받는 것이
마치 불난 집과 같다는 것입니다.
불난 집에서 온갖 고통을 받고 살면서도
불이 무엇인지 타는 것이 무엇인지 모르고 있으니
어떻게 불난 집에서 빠져 나올 수 있겠습니까.

묘법연화경을 받아지닌 모든 법화행자는
우선 화택에서 빨리 뛰쳐나와야 합니다.
불난 집에서 나와 부처님께서 내려주신
유일불승법唯一佛乘法인

대백우거大白牛車, 큰 보배수레를 타고
직지도량直至道場, 도량에 바로 이른다고 합니다.
법화행자는 불이 무엇인 줄 모르고 화택에서 머물고 있는
모든 사람들을 불난 집에서 건져내야 합니다.

묘법妙法을 수행하면 우선 생사를 뛰어넘고
모든 고통에서 해탈할 수 있습니다.
생로병사와 우비고뇌의 화택에서 뛰쳐나올 수 있고
탐진치에서 자신을 건질 수 있습니다.
묘법은 일체 중생의 생사윤회의 닻줄을 끊을 수 있고
모든 고통의 바다를 건너게 합니다.

나무묘법연화경 제목을 일심으로 부르면
구경열반究竟涅槃 상적멸상常寂滅相의
본래 자성을 회복할 수 있으며
마침내 공空으로 돌아감을 깨닫게 됩니다.

세상의 부귀영화를 백 년을 누린다 해도
자성을 깨닫는 단 일순간의 수행공덕에 비하면
백분 천분 백천만억분의 일에도 미치지 못합니다.

칠보로 된 좌대에 앉아 백 년 영화를 누린다 해도
끝내 자신을 제도 해탈시킬 수 없으나
일순간의 묘법 수행은 마침내 자신을

사생자부인 부처님 지위에 들게 합니다.

나무묘법연화경 제목을 소리 높이 부를 때가
자신의 자성이 돈발頓發하는 때입니다.
천 년의 어둠을 등불 하나로 밝히듯이
묘법으로 무시겁래 지은 악업을 소멸하고,
온갖 물이 모여서 바닷물이 되듯이
묘법 수행 공덕이 중생을 대성인이 되게 합니다.
악이 쌓이면 지옥이 되고
묘법 수행 공덕이 쌓이면 부처가 됩니다.

나무묘법연화경 소리 높이 부를 때
보살도를 원만히 닦는 때입니다.
멸하지 않는 업장이 없고
쌓이지 않는 공덕이 없습니다.

별이 아무리 많아도 대지를 밝히지 못하듯
방편법이 아무리 많아도 중생 성불을 열지 못합니다.

묘법의 태양이 뜨면 별은 빛을 잃고 마는 것
빛 잃은 방편법에 왜 집착합니까.
창가에 밝은 태양이 비추는데
촛불이 왜 필요합니까.
묘법연화경은 태양에 비유되니

묘법수행이 없다면 하늘에 태양이 없음과 같음이라.

나무묘법연화경 소리 높이 부를 때
제불의 지혜인 일체종지一切種智 이루는 때입니다.
자신에게 부처의 생명이 생동하는 때이며
부처님과 같이 동행하는 때이며
부처의 생명이 팔팔 살아나는 때입니다.
묘법은 부처님의 생명입니다.

불경에는 용서란 단어가 없다

부처님의 가르침에는 용서란 단어가 없다.
대신 자비심慈悲心을 가질 것을 가르치고 있다.
용서란 피아彼我가 있어 그 어느 한 쪽이 잘못을 저질렀을 때
다른 한 쪽에서 그의 잘못을 용서한다 라고 한다.
대승적 차원에서 보면 선악불이善惡不二요 자타불이自他不二이다.

불교의 자비심은 피아를 둘로 보지 않고 항상 가져야 할 마음이다.
자비는 용서보다 이해와 포용력이 넓고 크다.
용서란 너와 내가 양분된 상태에서 성립된 단어다.
자비심이 있는 곳에는 용서받을 자도 없고 용서할 자도 없다.

또 유화질직자柔和質直者가 될 것을 이르셨다.
유화질직자란 어떤 환경이나 상황에서도 항상 부드럽고 바탕이 곧고
정당한 자를 일컫는 말씀이다.
유화질직자 역시 용서란 단어보다 훨씬
포용력과 설득력이 크고 넓은 것을 의미한다.

세속적 혹은 소승적 차원에서 보면
용서받을 자가 있고 용서할 자가 있겠으나
대승적 차원에서 보면 용서란 말이 성립되지 않는다.

대승적 입장에서 보면 피차가 천상천하유아독존天上天下唯我獨尊이다.

자비심이 있는 곳에는 용서란 말이 필요치 않다.
유화질직자가 된 자에게는 용서란 단어가 필요치 않다.
왜냐하면 유화질직자는 선악을 둘로 보지 않고
두루 포용하고 있기 때문이다.
불교에서 용서란 단어가 없는 것은
대자비심이 근본이기 때문이다.

어느 TV프로에서 PD가 부모님을 용서하겠느냐고 자식에게 물었다.
자식이 부모를 용서한다는 표현은 잘못된 것이다.
부모는 자식의 잘못을 용서할 수 있어도
자식은 부모를 용서한다는 표현을 해서는 안 된다.
부모님을 이해하겠느냐고 물었어야 했다.

부모님이 자신을 낳아주신 것 하나만으로도
그 은혜를 갚을 수 없다고 하는데 자식이 부모의 잘잘못을 가려
용서한다는 것은 있을 수 없다.

또 어느 학자가 TV에 출연하여
자신을 먼저 용서하라고 주장했다.
자신의 잘못을 자신이 용서할 것이 아니라
부끄러운 마음으로 참회懺悔해야 한다.
참懺은 지금까지 지어온 잘못된 악업을 뉘우쳐

다시 범하지 않겠다는 뜻이요,

회悔는 앞으로 악업을 짓지 않겠다는 뜻이다.

자신이 지은 잘못을 자기 스스로가 용서한다면

계속 잘못을 범하고 또 용서하는 모순이 계속될 것이다.

따라서 자신의 잘못을 용서할 것이 아니라

깊이 뉘우쳐 참회해야 한다.

부처님의 가르치심에는 호리만큼도 허물이 없다.

항상 자비심을 잃지 않는다면

용서란 단어가 필요없음을 곧 깨닫게 될 것이다.

남보다 우월성을 갖기를 바라지 말라

일부 사람들은 불법을 수행함에 의해서
남보다 우월성을 갖기를 바라고 초능력자가 되기를 바란다.
진리를 깨달은 성현이라고 해서
머리가 하나 더 붙고 손발 몇 개씩 더 붙은 것이 아니다.
세상 온갖 것의 실상을 깨달음으로 인하여
세상만사에 집착하지 않아 그저 한가할 뿐이다.

도인들은 세상 파도와 싸우지 않는다.
생주이멸生住異滅하는 자신의 마음을
관조하여 깨어 있을 뿐이다.

남보다 우월성을 얻고자 하는 사람들은
아집我集에 속박 당하고 있다.
얻을 것 없는 것을 얻었기에 진정 얻었다 함이라.
세상에 있다는 온갖 모든 것은
상적멸상常寂滅相이라
끝내 공空으로 돌아가느니라.

묘법연화경을 수행함에 의해
자신의 마음의 실상을 깨달아

198

모든 고통에서 해탈하고 생사의 바다를 건너
마침내 일체종지一切種智를 얻어
열반성涅槃城에 들게 됨이니라.

흔히 묘법을 수행하면
혹은 나무묘법연화경 제목을 봉창하면
소원성취도 하고 재수 있고 돈도 잘 벌고 등등
이는 소품 약초라, 이렇게 작은 것에 매달리면
정작 여의주라는 큰 보물을 잃게 된다.

시방 삼세 제불께서 얻으신 무상도를
나도 얻어 해탈성불하겠다는 큰 원력을 세워서
아불애신명我不愛身命 단석무상도但惜無上道,
나는 신명을 아끼지 않고 다만 무상도를 아끼오리다.
이러한 신심견고한 마음으로 수행한다면
세상의 복락과 출세간의 공덕을 얻게 되리라.

신명을 아끼지 않고 묘법을 수행한다면
마침내 위없는 도를 이룰 것이고
또한 세상의 복락도 얻게 될 것이다.
따라서 남보다 우월성을 바라거나
초능력자가 되기를 바라지 말고
오로지 수행하라.

육신통을 갖춘 아라한의 공덕이
묘법연화경 사구게를 받아지닌 공덕에 비하면
백분 천분 백천만억분의 일에도 미치지 못한다고
경에서 밝히셨도다.

묘법을 여법하게 수행한다면
세상 온갖 모든 것의 실상을 깨달아
부처님과 동행하는 자가 되리라.

마음의 실상을 깨달으면
모든 것에서 집착과 반목과 대립을 여의게 되어
그저 행복하고 안락하리라.

절대신이 존재하는가

사람들은 자신보다 능력을 가진 자가 자신을 이끌어주기를 바라고 또 의지하고자 하는 심리가 있다.

어떤 신이 있어 사람들의 길흉화복을 좌지우지한다면 이는 우주질서를 파괴하는 몰염치한 존재일 것이다. 사람의 운명을 좌지우지하는 존재가 있다면 여기에도 뇌물이 통하는 웃지 못할 일이 벌어질 것이다.

자신보다 초능력을 가진 자가 자신을 지배해주기를 바라고 절대신에게 구원 받으려 하고 은총 받으려 한다면 무명無明만 증장할 뿐이다. 부처님이나 하나님이 착한 사람에게 복을 주고 악한 사람에게 벌을 주는 것이 아니라, 자신이 스스로 짓고 스스로 받을 뿐이다. 선인선과善因善果 악인악과惡因惡果이다.

토속신앙에서 바위나 나무에 빌고 매달려도 소원이 성취되는 경우가 얼마든지 있다. 이는 그 바위나 나무가 복을 주어서가 아니라 기도하는 사람의 마음이 정화되고 간절함에 의해서다. 마음이 정성스럽고 간절할 때 기도가 성취된다. 기도드리는 대상이 기도의 청을 들어주어서가 아니라, 마음을 비우고 청정하면 뜻한 바를 이룰 수 있는 것이다.

마음을 떠나 초능력자나 절대자는 존재하지 않는다. 만약 절대신이 있다면 이는 자신의 마음 가운데 있을 뿐이다. 자신의 마음이 만들어낸 것이니 일체유심조一切唯心造라 하신 것이다.

어떤 창조주가 우주를 창조했다면 이는 처음부터 실패작이다. 왜냐하면 창조주를 믿고 따르는 자는 악을 지어도 천당에 가고 창조주를 믿고 따르지 않는 자는 선행을 행한다 해도 천국에 갈 수 없다는 것은 우주의 평등질서가 여기에서부터 무너졌기 때문이다.

극락도 지옥도 자신의 마음가짐과 행에 의해서 좌우된다. 지금 자신의 마음이 극락이면 어디를 가도 극락이고 마음이 지옥이면 어디를 가도 지옥이다.

자신의 운명을 좌지우지할 자는 어디에도 없다. 스스로 짓고 스스로 받을 뿐이다.

그 마음씀用心에 따라 불계佛界가 열리기도 하고 지옥계地獄界가 열리기도 하나 불계와 지옥계가 불이不二이다. 왜냐하면 불계든 지옥계든 자신의 한 마음에서 나왔기 때문이다.

이러한 도리가 심심미묘하니 이름하여 묘법妙法이라 한 것이다.

생사를 뛰어넘는 길

세상의 이익과 명예가 몇 년이나 가겠는가.
아무리 헤아려 봐도 백 년 미만인 것을.
문득 어느 날 실상의 고향땅을 밟으니
무량겁을 뛰어넘어 영원상주 도리가 눈앞에 있네.

달팽이 뿔같은 세상락에 빠져
백 년 영화를 누린다 해도
끝내 저승사자의 철퇴를 면할 수 없으나
묘법을 한 생각 믿고 따라 기뻐한 공덕은
삼계화택을 빠져나와 성현聖賢과 동행함이 되리라.

속절없는 세월의 칼날을 누가 피할 수 있으랴.
오늘의 홍안紅顏이 내일은 백발이라
어찌 한 순간이라도 허랑방탕 보내리오.
묘법을 받아지녀 행함으로
자신 가운데 있는 무가보주를 발견하게 되리라.
무가보주無價寶珠 불구자득不救自得하리라.

사람마다 가장 시급한 일이 있다면
저마다 생사문제가 가장 시급한 문제로다.

생사문제는 발등에 떨어진 불과 같건마는
누구 하나 이를 해결하려고 하지 않으니
애달프고 애석하도다.
숨을 내쉬고 들이쉬지 않으면 끝나는 게 목숨이라.
한 순간에 걸려 있도다.

묘법 속에 생사를 뛰어넘는 길이 있건마는
하루 품삯에 매달려 이를 해결하려고 하지 않네.

불립문자는 정당하지 않다

삼불사에서 출간된 경전 및 해설집 등의 광고를 불교신문에 낸 일이 있었다. 법화도량 삼불사와 법화경을 불자들에게 알리기 위해서였다. 처음부터 큰 기대는 하지 않았지만 광고 반응은 실망스러웠다.

출판사를 경영하는 분들의 말에 의하면 요즈음 불자들이 책을 읽지 않는다고 한다. 왜 책을 읽지 않을까? 서점에서도 서양종교서적 코너는 넓어지고 불교서적 코너는 점점 좁아진다니 실로 안타까운 일이다. 원인이 어디 있을까?

참선하는 스님들은 불립문자不立文字라 하여 '경전은 근기가 하열한 사람이 공부하는 것이다', 혹은 '경전은 달을 가리키는 손가락이요, 선은 달이다', 혹은 '경전은 부처님의 말씀이요 선은 부처님의 마음이다'라고 하는데, 이렇게 잘못된 말이 부처님의 혼이 담겨 있는 경전을 가벼이 여기는 빌미가 되고 있다.

교敎가 없는 선禪은 암증선사요, 선禪이 없는 경전은 문자법사라고 한다. 이 두 가지 허물을 동시에 깨어버리는 수행이 곧 나무묘법연화경 제목을 일심으로 봉창하는 수행이다.

흔히 참선, 염불, 간경, 주력을 사대 수행문이라 한다. 사대 수행문을 동시에 수행하는 문이 곧 나무묘법연화경 제목 봉창 수행이다.

간화선의 원조이신 달마대사께서도 혈맥론과 능가경을 설하셨고, 혜능대사께서도 응무소주應無所住 이생기심而生其心의 금강경 한 구절을 듣고 자성을 깨달으셨거늘 어찌 불립문자가 정당하겠느냐.

또 어떤 스님은 '팔만대장경이 화엄경으로 들게 하는 문이다' 혹은 '오직 요의경了義經은 화엄경밖에 없다'라고 말하여 법화경을 화엄경 밑으로 내려뜨리는 우愚를 범하고 있다. 자신의 위치와 유명세를 등에 업고 부처님의 뜻을 파하고 있으니 애석하고 애석한 일이다.

부처님께서는 오직 일대사인연一大事因緣으로 세상에 출현하신다고 하셨다. 일대사인연이란 바로 묘법연화경이요, 묘법연화경을 설하시어 일체 중생을 불도에 들게 하시고자 세상에 출현하심이 곧 일대사인연이다.

묘법연화경은 부처님께서 세상에 출현하시는 근본이기에 이를 출세본회설出世本懷說이라 한다.
지혜제일 사리불도 묘법연화경으로 화광여래 수기 받고, 천이백 아라한이 한결같이 묘법으로 성불수기 받았으며, 오역죄인 제바달다도 묘법으로 천왕여래 기별 받고, 8세 용녀도 묘법으로 돈초성불하였거늘 어찌 의혹이 있겠느냐, 어찌 불립문자가 정당하겠느냐.
염화미소의 당사자인 가섭존자가 묘법연화경 처소에서 광명여래 수기받는 뜻을 생각해 보라.

과거 일월등명불 처소에서 여덟 왕자는 한결같이 묘법연화경을 받아지니고 수행하여 성불하셨고 또한 대통지승여래불 처소에서 십육 왕자도 한결같이 묘법으로 성불하셨으며, 시방 삼세 제불께서 한결같이 묘법으로 말미암아 불도를 이루시고 일체종지一切種智를 얻으셨거늘 어찌 불립문자가 정당하겠느냐.

이 묘법을 받아지닌 자 성불 못함이 한 사람도 없다(無一不成佛)고 하셨거늘 어찌 불립문자가 정당하겠느냐.

묘법연화경은 시방 제불의 모태母胎요, 부처님의 생명이요, 부처님의 지혜의 광명이요, 열반이요, 해탈이요, 부처님의 영원한 수명이요, 비요지장秘要之藏이다. 인천의 복전인 부처님의 삼종신(法·報·化)은 이 경으로부터 나온다고 하셨다.

불자들이 경전을 독송하지 않고 불서에 관한 책을 읽지 않는 다른 이유가 물론 있겠지만 얼토당토 아니한 불립문자라는 잘못된 용어 때문은 아닌지 생각해 본다.

보은의 길

인간으로서의 몸을 받은 은혜
출가사문으로서 불법을 만난 은혜
법화행자로서 묘법을 만난 은혜
나는 이와 같은 귀중한 은혜를 받았으니
이제 모든 분들에게 은혜를 되돌려줘야 한다.

인간의 몸 받기 어렵고
불법 만나기 어렵고
묘법 만나기 어려워 억억만 겁이 지나서
겨우 한 번쯤 만날 수 있다 하셨는데
이러함을 모두 만나 한량없는 은혜를 받았으니
어찌 은혜가 가볍다 하리오.

인간으로서 불자로서 법화행자로서의
받고 누린 은혜를 어떻게 나눌 것인가.
세상에 태어날 수 있는 기회를 주신 부모님의 은혜와
출가사문으로서 불법을 만나고 묘법을 만난 은혜를
어떻게 보은할 것인가.

부처님을 머리에 이고 시방세계를 뱅뱅 돌아도

부처님의 은혜를 갚을 수 없다 하셨으나
다만 묘법을 사람들에게 전하여 줌으로 해서
비로소 부처님의 은혜를 갚는 것이라 하셨다.

이 몸을 낳아주심으로 해서 불법을 만났으며
불법을 만남으로 해서 생사를 출리하고
묘법을 만남으로 해서 불도에 들게 되는 길을 알게 되었으니,
아무리 생각해도 다행이고 다행한 일이로다.

삼계화택三界火宅 불난 집에서 빠져나와
자부慈父께서 내려주신 대백우거大白牛車를 타고
직지도량直至道場하게 되었으니,
어찌 기쁘지 않겠는가. 어찌 은혜가 무겁다 하지 않으리오.
빈궁한 아들이 큰 부자인 아버지로부터
한량없는 전재산을 물려받았으니,
무량보취無量寶聚 불구자득不求自得이라
어찌 기쁘지 않겠는가. 어찌 은혜가 무겁다 하지 않으리오.

모든 큰 보살들이 신명身命을 아끼지 않고
다만 무상도를 아끼오리다 하고
부처님 전에서 맹세한 그 언약을 어찌 잊으리오.
오탁악세에서 묘법을 받아지녔으니,
어찌 신명을 아끼고 무상도를 아끼지 않으리오.

인간으로서 몸을 받은 은혜
출가사문으로서 묘법을 만난 은혜로 인하여
생사의 강을 건너 불도에 들게 되는 길을 알았으니
삼보의 막중한 은혜를 어떻게 보은報恩하리오.
묘법을 세상에 널리 유포할 때
비로소 삼보님의 은혜를 보은함이 되리라.

묘법연화경은 보살들의 해탈의 문이요,
부처님의 구경열반이요, 상적멸상常寂滅相이요,
부처님의 생명이요, 근본이요, 은혜요, 본체이니라.
이러한 구경의 진리를 받아지녔으니,
어찌 삼보님의 은혜를 가볍다 하리오.
어찌 부모님의 은혜를 잊으리오.
중생성불의 직도直道인 묘법을 만났으니
다시 또 묘법을 놓치리오.
황금을 버리고 돌을 찾는 어리석음을 범하리오.
묘법을 세상에 광선유포廣宣流布함으로 해서
그 동안 받은 막중한 은혜를 보은함이 되리라.

내가 존재한다는 가치성

내가 세상에 존재한다는 가치는 얼마나 될까?
저마다 세상에 존재한다는 것은 천금을 주고도
바꿀 수 없는 가치가 있다.
자신이 존재함으로 해서 이 세상이 있는 것이다.
자신이 존재함으로 해서 부모를 비롯하여
사랑하는 가족이 있고 아끼고 사랑할 사람이 있게 된다.

내 자신이 존재함으로 해서 거룩한 진리가 있고
내 자신이 존재함으로 해서 거룩한 불보살이 있고
또한 내 자신 그 길을 갈 수 있다.
그야말로 천상천하 유아독존이다.

이 몸이 늙고 병들어도 존재 가치성은 변함이 없다.
젊은 사람이나 늙은 사람이나 귀하고 천한 사람이나
배웠거나 못 배웠거나 그 존재 가치성은 똑 같다.
왜냐하면 일체중생一切衆生 실유불성悉有佛性이기 때문이다.

누구나 차별없이 자신 가운데 부처가 살고 있기 때문이다.
누구나 차별없이 무가보주가 내재되어 있기 때문이다.
값도 모를 보배구슬을 저마다 가졌기 때문이다.

겉모습만 보고 사람을 평가한다는 것은
저마다 가진 부처생명의 모독이며 부정함이 된다.
내가 세상에 존재한다는 것은 축복이고 행복이다.

내 자신이 세상에 존재하는 가치성은
그 무엇과도 바꿀 수 없는 무가보주 자체이다.
한량없는 과거생으로부터 현재와 끝없는 미래 세상에 이르기까지
내 자신은 계속 존재할 뿐이다.

금생이 시작도 아니고 또한 끝도 아니다.
이러한 도리가 곧 부처 생명이요, 진여법성이요,
대해탈이요, 곧 열반이다.

이 몸을 수천 번 버린다 해도 오직 내가 존재할 뿐이다.
다만 육안으로 보는 대상이 바뀔 뿐,
자신 가운데 있는 부처 생명은 그냥 존재할 뿐이다.
저마다 존재 가치성은 시방 허공에 칠보로써
가득 채워 준다 해도 바꿀 수 없는 위대한 것이다.

중도란

중도中道란 공空과 가假의 두 변을 여의되 여의었다는 생각마저 떨어진 것입니다. 중도란 무상無相과 무념無念이니, 일체어언도단一切語言道斷이요, 심행처멸心行處滅입니다.

중도는 이것과 저것의 중간이 아니라 두 변을 떠난 것이니, 선악善惡이 불이不二요, 중생과 부처가 불이不二요, 흑과 백이 불이不二입니다.

중도는 곧 적멸법寂滅法이니 이로써 중생이 성불하는 법이요, 열반에 드는 것이요, 이로써 불지견佛知見에 드는 것이요, 이로써 해탈을 얻는 것입니다.

중도는 곧 실상實相과 같은 뜻이니, 경에서 이르시기를 "이에 실상은 형상이 없으며 형상과 색이 아니니, 일체의 형상이 있는 것과 눈이 보는 대상이 끊어진 것이오니, 형상이 없는 형상으로 형상이 있는 몸이시며, 중생의 몸 형상의 모습도 또한 그러하오니……"

이렇게 중도는 어떤 형상이 없어 무상이며, 눈으로 보는 대상이 끊어진 것이요, 마음으로 헤아려 아는 것이 아니기에 무념無念이라 한 것입니다.

나무묘법연화경 제목을 일심으로 부르면 중도를 증득할 수 있고 실상에 안주할 수 있습니다.
얻을 것 없는 것을 얻었기에 진정 얻었다 하고, 증득할 것 없는 것을 증득하였기에 진정 증득했다 함이 곧 중도입니다.

나무묘법연화경 제목을 일심으로 부르면
시방 제불의 성품이 나에게 들고
또한 나의 성품이 제불의 성품과 합치도다.
천등 만등의 불빛이 밝음 하나로 합치듯이……
공空이 곧 가假요, 가假가 곧 공空이니,
이런 도리가 곧 중도실상中道實相입니다.

중도는 여래의 참된 도이니라

스님: 어떤 것이 중도입니까?

대주스님: 중간도 없고 또한 이변二邊도 없음이 곧 중도이니라.

스님: 어떤 것이 이변입니까?

대주스님: 저 마음이 있고 이 마음이 있음이 이변이니라.

스님: 어떤 것을 저 마음 이 마음이라고 합니까?

대주스님: 밖으로 색과 소리에 얽매임을 저 마음이라 하며, 안으로
    망념이 일어나는 것을 이 마음이라 하느니라. 만약 밖으로 색에
    물들지 아니하면 곧 저 마음이 없음이요, 안으로 망념이 나지 아
    니하면 곧 이 마음이 없으니, 이것이 두 변이 없는 것이니라. 마
    음에 이미 두 변이 없으니 어찌 중간이 또한 있을 것인가. 이와 같
    음을 얻는 것을 곧 중도라 하는 것이니 참된 여래의 도이니라.

_ 돈오입도요문에서

법화삼매의 길

부작차제행 不作次第行 　역부단번뇌 亦不斷煩惱
약법화경증 若法華經證 　필경성불도 畢竟成佛道
약수법화경 若修法華經 　불행이승로 不行二乘路

법화행자는 차제의 행을 짓지 않고
또한 다시 번뇌를 끊지 않고도
만약 법화경을 증득하면
마침내 부처님의 도를 이루며
만약 법화경 행을 닦으면
성문 연각의 이승의 길은 가지 않는다.

중생여여래 衆生與如來 　동공일법신 同共一法身
청정묘무비 淸淨妙無比 　칭묘법화경 稱妙法華經

중생과 더불어 여래는
한 법신과 같이 하니,
청정하고 묘하여 비할 바 없는 것을
묘법연화경이라 일컫는다.

_ 남악혜사 대사

216

법안이 열리면

보살: 스님, 그동안 한참 못 뵈었는데 많이 늙으셨군요.

스님: 육안으로 보지 말고 법안法眼으로 보면 하나도 늙지 않았을 거야.

보살: 법안이 있어야 보지요.

스님: 법안은 법을 법답게 수행함으로써 열리게 되지요. 법안이 열리면 늙는 가운데 늙지 않는 것이 있고 죽는 가운데 죽지 않는 것이 있음을 알게 됩니다.

보살: 예……

스님: 고기눈으로 보고 사람을 평가한다는 것은 인간성의 모독이며 부처생명의 부정입니다. 겉모습이 아무리 늙고 초라해도 그 가운데 참부처가 살고 있지, 누구나 자신 가운데 참 부처가 살고 있다는 것입니다. 육안으로 부처를 볼 수 없고 부처생명을 깨달을 수 없어요. 참부처는 눈으로 보는 대상이 모두 끊어진 자리지요. 일체유상안대절一切有相眼對絶이라 합니다. 늙는 가운데 늙지 않는 것, 죽는 가운데 죽지 않는 것, 이것이 부처생명입니다. 온갖 곳에 두루 작용하지요. 부처생명은 생로병사(生老病死)와 관계없이 그냥 상주불멸(常住不滅) 부처님의 몸은 형상없는 몸으로서 형상있는 몸이시며 중생의 몸의 형상도 이와 같습니다.

수행자의 늙음은 세속의 명리名利를 위함이 아니었고

오로지 묘법妙法을 증득하기 위함의 늙음입니다.
법안이 열리면 생生도 없고 또한 멸滅도 없는데
어찌 늙음이 있겠습니까?
생로병사가 어젯밤 꿈속의 일입니다.

염화미소拈華微笑란

고불미생전 古佛未生前   의연일상원 毅然一相圓
미륵유미회 彌勒猶未會   가섭개능전 迦葉豈能傳

옛 부처님이 나오시기 전부터
뚜렷이 한 모양이 원만함을
미륵보살도 오히려 알았다 할 수 없거늘
가섭존자가 어찌 전수했다 하겠는가.
_고인

뜻이 이러한데 염화미소拈華微笑가 어찌 정당하리오.
일생보처 미륵보살도 현혹되었거늘
가섭존자만이 어찌 전수했다 하리오.
부처님과 더불어 부처님만이 궁구하여 다하신 법을
성문 연각이 어찌 헤아려 알리오.
지혜제일 사리불과 같은 이가
시방세계에 대나무 숲과 같이 빽빽이 들어서서
다 함께 생각하여도
부처님의 뜻을 조금도 알 수 없다 하셨거늘
유독 가섭존자만이 위없는 실상법을 부촉받았다 함이
어찌 정당하리오.

위없는 적멸법은 가히 보일 수도 없고
말로써 언설할 수 없으니,
일체어언도단一切語言道斷이요, 심행처멸心行處滅이라.

팔천 항하사수 보살들이
실상법인 묘법연화경을 부촉받고자 하여
저마다 저요 저요 하고 바랐지만
부처님께서, 그만두어라
너희들이 이 경을 수호하여 지니기를 바라지 않나니, 하고
보살들의 청을 거절하셨거늘
가섭존자만이 어찌 전수했다 하리오.

가섭존자만이 물려받은 위없는 법이란
성문의 수준에 맞는 방편법인 수타의법隨他意法이라,
극대승인 묘법연화경의 뜻을 쫓아보면
염화미소가 정당하지 아니함이 명명백백하도다.

묘법은 중생 성불의 경

불교의 기본적인 뜻은 모든 사람들이 다 부처가 될 수 있고
또 부처가 되어야 한다는 데 초점이 맞추어져 있다.
그래서 부처님께서는 중생들에게 부처와 꼭 같은
위대한 존재가 되라고 가르치신 것이며 일체 중생이
부처가 되는 도리를 설하신 경전이 바로 묘법연화경이다.
모든 중생이 한결같이 믿고 따르면 누구나 모두
부처가 될 수 있는 묘법이기에 거룩하지 아니할 수 없다.
일체중생 실유불성一切衆生 悉有佛性이라
일체중생이 모두 불성이 있다 하셨으니,
모든 중생이 한결같이 위대하고 존엄한 존재이다.
묘법의 거룩한 진리로 일체 중생이 부처의 경지에 도달할 수 있으니,
이 법을 듣는 자 성불 못함이 한 사람도 없다 하신 것이다.

중생 성불의 직도가 담겨있는 묘법은
모든 부처님의 비요지장秘要之藏이요, 출세의 근본인 것이다.
이렇게 묘법이 예사로운 법이 아니기에
받아지닌 자는 예사로운 불자가 아닌 것이다.

정색삼매淨色三昧

굳은 신심으로 묘법을 잘 수행하고 있는 보살과 수행의 끈을 놓아버린 사람이 만났다.

갑: 이 몸으로 금생에 묘법을 만난 것이 너무 감사하고 행복합니다.
　　묘법을 수행함은 저의 중요한 일과입니다.
을: 옛날에는 나도 수행을 좀 했는데 아무 소용이 없었어요.
　　고통과 어려움을 벗어날 수 없어서 수행의 끈을 놓아버렸습니다.
갑: 그럴수록 더욱더 수행해야 하는데 지금부터 다시 시작하세요.
　　보살의 얼굴이 많이 상했습니다.
을: 보살은 종교에 너무 깊이 빠진 것 같습니다.
갑: 부처님의 정법을 정심정의正心正意로 수행하는데 무슨 문제될 것이 있겠습니까. 법에 대하여 한 점 의심이 없고 그저 감사할 뿐입니다.

이에 대하여 스승의 법문이 있었다.
수행의 끈을 놓친 사람은 보물을 구하러 가다가 길 도중에서 지쳐서 되돌아간 사람과 같다.
보살들이 원을 세우기를 저희들은 신명을 아끼지 않고 오로지 무상도를 아끼오리다. 〈권지품〉
법을 수행하는 보살은 묘법에 신명을 걸고 수행해야 한다. 불석신명

222

不惜身命하고 법을 수행한다면 청정한 색신色身을 얻게 된다. 수행자의 용모가 밝은 쪽으로 환하게 열리게 되는데 이를 정색삼매를 얻었다 한다.

묘법을 굳은 신심으로 수행한다면 며칠 안으로 얼굴이 열리기 시작한다. 반면에 수행의 끈을 놓아버리면 얼굴에 어두운 그늘이 금방 생기게 된다.

업장이 두텁고 근기가 하열한 사람은 법을 수행한 대가로 부자가 되고 명예를 얻고자 한다. 자신이 뜻한 바가 이루어지지 않으며 곧 퇴전하고 만다. 그러나 신심이 견고한 사람은 세상파도가 아무리 와도 뒤돌아서거나 물러나거나 주저앉지 않고 오로지 수행으로써 정면돌파한다.

고난과 아픔은 수행을 한 단계 끌어올리는 기회가 될 수 있다. 고통이든 낙이든 지나가는 바람과 같다. 고통도 즐거움도 영원하지 않고 그냥 지나간다.

세찬 바람일수록 빨리 지나간다.

업장덩어리 이 몸으로 무상도인 묘법을 받아지닌 것은 마치 돌을 주고 금덩어리 바꾼 것과 같다. 어찌 금덩어리를 놓치겠는가.

명리名利를 자신의 뜻과 같이 얻었다 해도 금방 잃을 수 있고 설사 명리를 얻었다 해도 금생에 국한된 것이다. 하지만 묘법을 수행한 공덕은 자신을 고통에서 건지고 생사의 강을 건너게 되고 마침내 불도를 이루게 된다.

받기 힘든 인간의 몸을 받아 어찌 오욕락에 젖어 한 세상 허망하게 보내겠는가. 밥값을 해야 한다. 이 세상 온 밥값은 자성을 깨달아 밝히는 일이다. 탐진치에 젖어 닦지 않으면 죽을 때 저승사자의 철퇴가 기다리고 있고, 묘법을 수행하여 공덕을 쌓으면 일천 부처님의 자비의 손길이 있으리라.

묘법에 신심을 내고 받아지녀 수행하면 곧 얼굴이 환하게 열리고 눈이 맑아지고 오관이 청정해진다. 이를 정광삼매淨光三昧와 정색삼매淨色三昧를 얻었다 한다. 마음이 청정해지면 업이 맑아져 뜻한 바의 착한 소원이 성취되는 것이다. 얼굴이 밝아지면 운명도 밝아진다.

불법에 신심이 떨어진 사람은 옆의 주위 사람까지 신심을 꺾어 놓고, 신심이 견고한 사람은 주위 사람들로 하여금 신심을 일으키게 한다.

청정한 마음으로 주위를 광명으로 밝힘을 정광명삼매 정색삼매를 얻은 사람이라고 한다.

법화행자는 자신과 세상을 청정하게 밝혀간다.

법화행자는 법화경화하라

법화경을 수행하는 법화행자는 법화경과 자신이 일여一如임을 깨달아야 한다. 법화경은 제불께서 깨달으신 구경의 진리이다. 경을 독송하면서 그냥 경전의 말씀이거니 하고 지나치지 말고 경전 속의 말씀이 자신의 일이요 사연임을 깨달아야 한다.

법화행자는 자신이 법화경화法華經化해야 한다. 물론 처음부터 이렇게 되기는 쉽지 않다. 끝없는 수행으로써 가능한 일이다.

경전의 말씀을 살펴보면, 방편품의 십여시十如是는 세상에 있다는 모든 것이 한결같이 진실한 모양인 실상實相이란 뜻인데 부처님을 비롯한 일체 중생이 십여시인 실상인 것이다.

각자 다른 모양과 성품과 체형을 갖추고 있고 또 힘과 작용과 인연 과보를 가졌다 해도 처음과 끝이 구경에는 평등인 공空으로 돌아가는 것이다. 따라서 십여시는 부처님을 비롯한 일체 중생과 세상에 있다는 온갖 모든 것이 실상이란 뜻이니, 내 자신의 일이요 사연인 것이다.

부처님 세존께서는 중생으로 하여금 부처님의 지견知見을 열어서(開) 청정함을 얻게 하시고자 세상에 출현하시며, 중생으로 하여금 부처님의 지견을 보게(示) 하시고자 세상에 출현하시며, 중생으로 하여금 부처님의 지견을 깨닫게(悟) 하시고자 세상에 출현하시며, 중생으로 하여금 부처님의 지견의 도에 들게(入) 하시고자 세상에 출현하시느니라. 사리불아, 이것을 모든 부처님께서 일대사인연 때

문에 세상에 출현하신다고 함이니라. 〈방편품〉

여기서 부처님의 지견이란 부처님의 지혜로써 사물을 보는 견해이다. 곧 실상으로 보는 지혜이다. 중생으로 하여금이란 곧 중생 스스로 부처님의 지견을 이미 갖추고 있다는 뜻이다.

부처님의 지견을 열어서(開) 보고(示) 깨달아(悟) 들게(入) 함을 사불지견四佛知見이라 한다. 사불지견을 중생이 이미 모두 갖추고 있다는 것이다. 만약 중생에게 불지견이 없다면 어떻게 열게 할 것이며, 어떻게 보게 할 것이며, 어떻게 깨닫게 할 것이며, 어떻게 들게 할 것이겠는가. 경전의 말씀을 깨달아 실천할 때 곧 부처님 지견에 들게 된다. 따라서 사불지견이 중생들의 사연이요 일이며, 곧 내 자신의 일이요 사연이다.

자신 가운데 이미 사불지견을 구족하고 있음을 깨달아 실천에 옮길 때 부처님께서 일대사인연 때문에 세상에 출현하신 뜻에 부응하게 되는 것이다.

경전의 말씀 따로 중생의 마음 따로 이렇게 별개로 이해하지 말고 오로지 경전의 말씀이 내 자신의 일이요 사연임을 깨달아야 한다. 이런 도리가 번뇌즉보리煩惱卽菩提요, 생사즉열반生死卽涅槃이며 중생계즉불계衆生界卽佛界이다.

일대사인연一大事因緣이란 부처님께서 법화경을 설하시어 중생으로 하여금 제법실상諸法實相을 깨닫게 해서 불도를 이루게 함이니, 이런 불사佛事가 작은 일이 아니기에 모든 부처님께서 일대사인연으로 세상에 출현하신다고 한 것이다.

결국 모든 중생으로 하여금 불도를 이루게 하심이 곧 일대사인연이요, 그 불도를 이루는 도리가 법화경에 설해져 담겨 있으니, 법화경 설하심이 곧 모든 부처님께서 세상에 출현하신 근본이요 일대사인연인 것이다.

만약 중생에게 부처님의 지견이 없다면 일대사인연은 성립되지 않을 것이다. 법화행자 스스로가 일대사인연의 중심이 되는 셈이다.

법화경 문자 한 자 한 자는 곧 부처님과 일여一如요, 또 중생과 일체一體가 된다. 품마다 문자마다 부처님의 생명이요 수명이며, 또한 중생들의 생명이고 수명이며, 내 자신의 생명이요 수명이다. 법화경의 진리를 내 자신이 이미 갖추고 있는 것이다. 이렇게 깨달아 자신이 법화경화法華經化되어야 한다.

자신의 세포 하나하나가 법화경화해야 한다.

법화경의 부처님 말씀은 곧 십법계十法界의 일이요 사연이며 생명이요 수명인 것이다.

나무불 한 번 외워도

어떤 사람이 산란한 마음으로 탑묘에 들어가서
나무불 한 번 외워도 모두 이미 성불하였노라.
혹은 어떤 사람이 예배하거나 혹은 다시 다만 합장하거나
또는 손 한 번 든다거나 혹은 머리 약간 숙여
불상에 이런 공양하여도 한량없는 부처님 차차 만나뵙고
스스로 위없는 도를 이루어 수없는 중생을 널리 제도하고
무여열반에 들되, 섶이 다하여 불 꺼진 듯하리라.
어떤 사람이 산란한 마음으로 탑묘에 들어가서
나무불 한 번 외워도 모두 이미 성불하였노라.
모든 과거 부처님께서 세상에 계시거나 혹은 열반하신 뒤
만약 이 법을 듣는 자가 있으면 모두 이미 성불하였노라.
_ 방편품에서

아주 작은 선행을 행함이 인과가 되어
성불의 원과를 이룬다는 부처님의 말씀이다.
머리 약간 숙이고 손 한 번 든다거나 부처님을 찬탄하는
노래 불러도 모두 이미 성불하였노라.
아주 작은 미세한 선행도
부처를 이루지 못함이 하나도 없다 하심은
곧 실상實相이 두루 모든 수행의 본체가 된다는 뜻이다.

실상이 일체법이 되고 근본이 됨을 밝히신 말씀이다.
하찮은 선이나 선인도 열어 보이면 원만한 원인이 되거늘
보살의 행이 어찌 묘한 인과因果가 아니겠느냐.
작은 솔씨가 낙락장송이 되듯이
작은 물방울이 모여 대해를 이루듯이
미세한 작은 선근이 불과佛果를 이루는 인과가 되는 것이다.
뜻이 이러하니 항차 나무묘법연화경 제목을 소지한
원교보살의 행이 어찌 불도를 이루지 못하겠느냐.

또 아이들이 장난으로 손가락과 손톱으로
부처님 상을 그린 이들 모두 이미 성불하였노라 하셨거늘
법화경을 여설수행하고 광선유포하는 큰 공덕의 인과로써
어찌 성불 못함이 있겠느냐.
미세하고 작은 선근도 마침내 불과를 이루는 원인이 되거늘
항차 제법실상 깨달아 수행의 체를 삼는 원교보살행이랴.

또 법화경 강론하는 곳에 앉았는데
다시 어떤 사람이 오거든 자리를 나누어 앉게 하면
이 사람의 공덕은 다음 생에 제석천왕
혹은 범천왕 혹은 전륜성왕 앉는 자리를 얻게 되리라고 하셨다.
작은 선근의 공덕이 큰 공덕의 인과를 낳는다는 말씀이다.
실상의 법으로 보면 작은 것이 곧 큰 것이요
대소불이大小不二인 것이다.
작은 것 가운데 큰 것이 있고

큰 것 가운데 작은 것이 있으며
짧은 것 가운데 긴 것이 있고
긴 것이 나타나자 긴 것마저 버렸으니
어느 것이 짧고 어느 것이 길겠느냐.

필득시경 必得是經

일자위제불호념 一者爲諸佛護念
이자식중덕본 二者植衆德本
삼자입정정취 三者入正定聚
사자발구일체중생지심 四者發救一切衆生之心

선남자 善男子　선여인 善女人　　　여시성취 如是成就
사법 四法　　어여래멸후 於如來滅後　필득시경 必得是經

첫째는 모든 부처님께서 호념하심이요,
둘째는 많은 덕의 근본을 심음이요,
셋째는 정정취에 듦이요,
넷째는 일체 중생을 구원하려는 마음을 일으키는 것이니라.
선남자 선여인이 이와 같이 네 가지 법을 성취하면
여래가 멸도한 뒤에 반드시 이 경을 얻느니라.

"만약 선남자 선여인이 여래께서 멸도하신 뒤에 어떻게 하여야 능히
이 법화경을 얻을 수 있겠사옵니까?" 하고 보현보살이 부처님께 드
리는 질문에 답하신 말씀입니다.
모든 불자들에게 해당되는 질문이요, 모든 불자들이 마음에 새겨 실
천해야 할 사항을 답하신 것입니다.

보현보살의 질문도 부처님의 답하심도 지금 우리들을 위한 자비광명 자체입니다.

첫째, 모든 부처님께서 호념하심이란 부처님께서 불자들을 깊이 보호하시고 깊이 간직하심입니다. 모든 부처님으로부터 보호와 가피력을 받는 경우를 제불호념자라 합니다.

부처님으로부터 호념 받을 실천행이 반드시 따라야 호념을 받을 수 있습니다. 묘법연화경을 여설수행如說修行하고 광선유포廣宣流怖하는 자리이타自利利他행이 곧 제불호념자가 되는 첩경입니다.

법화행자를 제불께서 호념하시고 모든 보살이 수호하시고 모든 호법선신들이 밤낮으로 옹호한다고 합니다.

모든 법의 실상實相을 깨달아 행하는 바는 밝고 밝아서 자신은 물론 사람들을 깨달음의 길로 인도합니다. 이렇게 할 때 제불호념자가 될 것입니다.

둘째, 많은 덕의 근본을 심음이란, 불교의 근본은 제악막작諸惡莫作 중선봉행衆善奉行입니다. 모든 악행을 짓지 말고 여러 가지 착한 일을 봉행하는 것입니다. 가장 큰 덕의 근본을 심는 것은 법화경을 받아 지녀 수행하고 또 광선유포하는 일입니다. 육바라밀을 실천수행하는 보살도를 닦아야 하며, 삼보님께 공양드리는 일을 해야 합니다.

법화행자가 날마다 자신을 이롭게 하고 또한 날마다 남들을 이롭게 하는 것이 곧 많은 덕의 근본을 심는 길입니다.

셋째, 정정취에 듦이란, 정정취는 성불이 결정된 사람들의 모임입니다. 곧 법화경을 법답게 수행하는 단체를 정정취라 합니다. 불법을 바르게 수행하기 위해서는 반드시 정정취에 들어야 합니다. 법화경을 혼자서 공부하고 수행한다는 것은 어려운 일입니다. 반드시 선지식의 가르침을 받아야 하며 자신의 수행을 교정하여 바르게 잡아주는 도반이 필요합니다. 정정취正定聚에 반하는 사정취는 삿된 소견을 가진 사람들의 모임이며, 또 부정취는 정정취와 사정취에 들지 않은 경우입니다.

자신의 명예와 이익을 위해 남을 속이고 울리고 살생하고 불법을 비방하는 등 나쁜 율의에 젖은 사람들은 정정취가 아닙니다.

넷째, 일체 중생을 구원하려는 마음을 일으키는 것이란, 만약 중생을 제도함이 없다면 대승의 뜻이 아니며 부처님의 가르침이 아닙니다. 중생을 교화하여 불도에 들게 함은 모든 부처님께서 세상에 출현하신 근본입니다.

불법을 수행하는 모든 불자들은 중생을 교화하여 고통에서 빼내주고 생사의 강을 건너게 하고 불도에 드는 길로 인도해야 합니다. 모든 사람들을 불난 집에서 빠져나오게 하여 흰 소가 끄는 큰 수레를 타고 도량에 곧바로 이르게 해야 합니다.

부처님께서 말씀하시기를 "내가 대승평등법을 증득하고도 만약 소승으로 교화함이 한 사람에 이를지라도 나는 간탐에 떨어지리니 이런 일은 옳지 못하느니라."라고 하셨습니다.

무상도인 법화경으로 중생을 구원함이 부처님의 뜻과 일치합니다.

당처가 보리좌

제법실상諸法實相의 입장에서 보면
적은 것이 곧 많은 것이요(少卽多)
작은 것이 곧 큰 것이다.(小卽大)

경전에서 이르시기를,
머리 약간 숙이고 손 한 번 든다거나
부처님을 찬탄하는 노래 불러도
모두 이미 성불하였노라.
탑묘에 들어가서 나무불 한 번 불러도
모두 이미 성불하였노라 하셨다.

아주 작은 미세한 선행도
부처를 이루지 않는 것이 하나도 없다 하심은
곧 실상이 두루 모든 수행의 본체가 된다는 뜻이다.
실상이 일체법의 본체가 되고 근본이 됨을 밝히신 것이 된다.

하찮은 선근이나 작은 원인도 열어 보이면 원만한 원인이거늘
원교보살의 행이 어찌 묘한 인과因果가 아니겠느냐.

작은 솔씨가 낙락장송이 되듯이

작은 선이 대덕의 불과佛果를 이루는 인과因果가 되리라.

작은 물방울이 대해를 이루듯

미세한 선근이 불과佛果를 이루는 인과因果가 되리라.

이렇게 실상의 입장에서 보면

번뇌즉보리煩惱卽菩提요, 생사즉열반生死卽涅槃이라,

따라서 묘법을 수행하는 원교보살은

여래의 장엄(如來莊嚴)으로 이에 스스로 장엄함(而自莊嚴)이니라.

묘법을 수행함에 따라 실상을 드러냄이 되니

묘법이 곧 실상이요 실상이 곧 묘법이니라.

수행함에 따라 자성이 드러나니

수행과 성품이 다르지 않느니라(修性不二).

이런 도리는 법의 위치에 머물며(是法住法位)

세간의 형상에도 항상 머무느니라(世間相常住).

출세간법이나 세간법이 모두 실상이란 뜻이니

출세간법과 세간법이 불이不二이니라.

무명번뇌無明煩惱가 곧 보리菩提요,

서있는 당처가 곧 적광寂光이니라.

서있는 당처가 곧 보리좌이니라.

삼인불성三因佛性

상불경보살이 나는 감히 그대들을 가벼이 여기지 않노니
그대들은 모두 마땅히 성불할 것이니라 하심은
일체 중생의 정인불성正因佛性은 멸하지 않는 것임을 알아서
감히 다른 사람을 업신여기지 않는다 함이요,

모든 과거 부처님께서 세상에 계시거나 혹은 열반하신 뒤
만약 이 법을 듣는 자 있으면 모두 이미 성불하였노라.
이는 곧 요인불성了因佛性이 멸하지 않는 도리요,

혹은 어떤 사람이 예배하거나 혹은 다시 다만 합장하거나
또는 손 한 번 든다거나 혹은 머리 약간 숙여
불상에 이런 공양하여도 한량없는 부처님 차차 만나뵙고
스스로 위없는 도를 이루고, 이런 작은 선근도
모두 불도를 이룬다 함은 곧 연인불성緣因佛性이 멸하지 않는 도리다.

삼인불성三因佛性이란
정인불성正因佛性 요인불성了因佛性 연인불성緣因佛性이다.

정인불성은 일체중생一切衆生 실유불성悉有佛性이라
모든 일체 중생이 다 갖추고 있는 불성이며,

236

요인불성이란 연인불성에 의해 드러나 마침내 불도를 이루는 것이
니,
소위 여아등무이如我等無異가 이러한 도리요,
이런 사람 불도를 이루기 결정코 의심이 없다 하심이
바로 요인불성이 멸하지 않는 도리다.
사소한 선근도 마침내 불도를 이룬다는 도리가 연인불성이다.
삼인불성이 셋이면서 하나이다.

나무묘법연화경 제목을 봉창함이 삼인불성을 드러내는 수행이요,
곧 여아등무이如我等無異이며 중생소유락衆生所有樂이다.
묘법연화경을 수행하는 연에 의하여 요인불성이 드러나니
불과를 이루는 것이다.
일체 중생이 불성이 있다 하더라도 수행하지 않으면
진흙 속에 묻혀 있는 진주와 같아
중생심 속에 묻혀 있을 뿐이다.

묘법을 수행함이 곧 삼인불성을 드러나게 하니,
나무묘법연화경 하고 부를 때가 바로 이것이다.

제목은 본문本門의 사행事行

법화경 이전의 방편법의 극치가
법화경 적문迹門의 초입初入에 해당되고
적문의 극치가 법화경 본문本門의 초입에 해당되느니라.
여래수량품의 시호양약是好良藥은
바로 나무묘법연화경 제목 다섯 자이니라.

시호양약은 적문의 일이 아니니라.
나무묘법연화경 제목은 사행事行이며 본문 본존이니라.
적문의 근본은 실상實相으로 정하고
묘법연화경 다섯 자의 깊은 도리는
사십여 년四十餘年 미현진실未顯眞實에는 흔적조차 없었고
적문의 14품에도 드러내지 않으시고 본문의 여래수량품에 와서
본인묘本因妙 본과묘本果妙를 나타내셨노라.

나무묘법연화경 제목으로 중생소유락衆生所遊樂 하느니라.
나무묘법연화경 제목으로 유화질직자柔和質直者가 되느니라.
나무묘법연화경 제목으로 구제고환자救諸苦患者 하느니라.
나무묘법연화경 제목으로 득입무상혜得入無上慧하여 속성취불신速成
就佛身 하느니라.

238

상행보살 무변행보살 정행보살 안립행보살을 상수로 한
천세계 미진수 본화보살의 소지품은
부처님의 사행事行인 나무묘법연화경이니라.
명체종용교(名體宗用敎)의 오중현의도
바로 나무묘법연화경 다섯 자이니라.
본화보살들은 적문을 설하실 때
적광정토에서 뒷짐 지고 기다렸다가
본문을 설하실 때 구름같이 모였거늘
어찌 적문의 근본인 실상묘법연화경이 타당하겠는가.

본화를 비롯한 일체 중생이
나무묘법연화경 제목 다섯 자를 근본 삼아 속성취불신하느니라.
실상묘법연화경은 적문의 이름이니 이행理行이요,
나무묘법연화경은 본문의 사행事行이니 본문 본존이니라.

육신 가운데 무가보주가

유상신중무상신 有相身中無相身
무명로상무생로 無明路上無生路

이 육신 가운데 법신이 머물고
무명의 범부생활 속에 생사를 초월한 진리의 길이 있네.

    육신이 단순한 색신이 아니라
    그 가운데 주인공인 마음이 담겨 있다.
    중생의 육신 속에는 무가보주가 하나 들어 있다.
    그것이 다름 아닌 법신이고 진심이며 진아이다.
    그리고 불성佛性이다.
    불성은 범부나 성인이 동등하지만
    중생들은 분별심의 상대관념 때문에 오는 번뇌에 가리어
    깨닫지 못할 뿐이다.

욕지일체제불원 欲知一切諸佛源
오자무명본시불 悟自無明本是佛

일체 제불의 근원을 알고자 할진대
자신의 무명이 본래 부처인 줄 깨달아라.

번뇌즉보리煩惱卽菩提요 생사즉열반生死卽涅槃이며
중생심 가운데 불계佛界가 구족함이니라.

대승보살행

오늘날 사람들의 모든 병의 50퍼센트 이상은 감정이 그 원인이라고
한다.

보통 사람들이 쉽게 사로잡히는 증오, 분노, 원한, 불안초조, 불만,
낙담, 자포자기 등의 감정에 직면하게 된다. 불법을 수행함으로 해
서 인격을 완성해 가는 사람은 이러한 감정에서 자유스러워 언제나
즐겁고 행복하고 이해와 자비심을 잃지 않고 침착하고 끈기와 용기
와 지혜로 자신의 삶을 밝은 쪽으로 이끌어 간다.

지금같이 복잡 다사다난한 때일수록 대승보살의 인생관이 절실한
것이다. 대승보살은 자비심으로 평등심을 잃지 않고 항상 자리이타
自利利他행을 스스로 행하게 된다.

불법을 여설수행如說修行해 가면 유화질직자柔和質直者가 되고 인격
자가 된다. 이런 사람들은 신경증이나 스트레스에서 해방하게 된다.
마음에서 진정한 평화와 행복을 얻게 되어 모든 고뇌에서 해탈하게
된다. 내적으로 인격을 갖추고 외적으로 보살행을 닦는 자리이타의
실천행이 대승불교의 나아갈 길이다. 산속에 들어앉아 주장자만 치
고 있는 선지식이 아니라 대중들의 아픔과 같이 하는 대승보살의 활
동이 필요한 시기이다. 그리하여 중생제도를 위하여 보다 적극적이
고 실질적인 교화가 있어야 한다.

묘음보살이나 관세음보살은 현일체색신삼매現一切色身三昧로 교화할
중생의 근기에 따라 33응신 혹은 34응신을 나투시어 중생을 제도

해탈케 하시는 것이다.

이와 같이 대승보살은 교화할 상대에 따라 적절한 법과 지혜로 제도 해탈케 해야 한다. 관세음보살이 33응신으로 보문시현하듯 제도할 상대에 따라 적절한 법으로 구고구난求苦求難함이 대승보살의 행이다.

일대사인연一大事因緣

일一 = 부처님께서 세간에 나오신 가장 중대한 인연의 뜻으로서 중생은 이 인연으로써 성불하는 것이니 일一이다. 하나의 진실이 일一이며, 하나의 도리가 청정한 일一이고, 하나의 도리로 생사에서 나오는 일이 일一인 것이다.

대大 = 그 성품이 넓고도 넓어 포함하고 수용하는 바가 위대하여 번뇌를 단멸하여 성인이나 범부에게 이익되게 함이 크기에 대大라 한다.

사事 = 시방삼세 부처님의 의식. 이로써 불도를 이루고 이로써 중생을 교화 제도하셨기 때문에 이름하여 사事라 한다.

인연因緣 = 중생이 이 인으로써 부처님을 감득하고, 부처님은 이 인연으로써 응화를 일으키기 때문에 인연이라 한다.

결과적으로 부처님께서 묘법연화경 설하시어 중생이 불도를 이루게 함이 제불께서 세상에 출현하시는 일대사인연이다.

대승의 열반

대승은 생사즉열반生死卽涅槃 열반즉생사涅槃卽生死이니
생사와 열반이 불이不二요 일여一如이다.
정명경에서 이르시기를 일체 중생은 항상 적멸상寂滅相이니
곧 대열반大涅槃이다고 하셨다.
본래 생기지 않았으니 지금 멸할 것도 없다.
본래 생기지 않았다고 하는 것은 무상무아無相無我의 모습이고,
지금 멸할 것도 없다고 하는 것은 소승의 적멸상이다.
오직 하나의 실상實相이고, 실상이기 때문에
항상 스스로 적멸의 모습(常自寂滅相)이라는 것은
곧 대열반이니 곧 대승의 적멸상이다.
이른바 제법실상諸法實相이다.

실상에 대하여

만약 공가중空假中이 다르다면 전도라고 이름하고,
다르지 않다면 부전도라고 이름한다.
전도되지 않았기 때문에 번뇌가 없고,
번뇌가 없기 때문에 정이라고 이름한다.
번뇌가 없으면 곧 업이 없고, 업이 없기 때문에 아我라고 이름한다.

업이 없기 때문에 보가 없고, 보가 없기 때문에 낙樂이라고 이름한다.
보가 없으면 곧 생사가 없고, 생사가 없으면 곧 상常이라고 이름한다.
상락아정常樂我淨을 이름하여 일실제라 하니
일실제는 곧 실상이고, 실상은 곧 경의 바른 본체이다.

실상의 본체는 단지 한 법이지만
부처님은 여러 가지의 이름으로 말씀하신 것이다.
이름하여 묘유, 진선묘색, 실제, 필경공, 여여, 열반, 허공, 불성,
여래장, 중실리심, 비유비무중도, 제일의제, 미묘적멸 등이라 한다.

실상의 모습은 모습으로서 모습이 아님이 없고
모습으로서 모습이 없음이 아니니, 실상이라 한다.
실상은 모든 부처님께서 얻으신 법이므로 묘유라고 부른다.
묘유는 비록 볼 수 없어도 모든 부처님께서는 볼 수 있으므로

진선묘색이라고 부른다.
실상은 두 측면의 유가 아니므로 필경공이라고 한다.

공한 이치가 담연하여 여여하고 실상은 적멸하므로 열반이라고 한다.
깨달아 아는 것이 바뀌지 않으므로 허공불성이고
함수된 바가 많기 때문에 여래장이라고 한다.
실상은 유에 의지하지 않고 무에도 따르지 않으므로 중도라 하고,
최상이고 허물이 없으므로 제일의제라고 하는 것이다.

대저 실상은 그윽하고 미묘하여 그 이치가 깊고 깊다.
마치 절벽에 오르려면 반드시 사다리를 가설해야 하듯
진실의 근원에 계합하려고 한다면 반드시 교행에 말미암는다.
제법종본래 諸法從本來   상자적멸상 常自寂滅相
불자행도이 佛子行道已   내세득작불 來世得作佛
하심이 교행이시다.

같지도 않고 다르지도 않다.
헛된 것도 아니고 진실한 것도 아니다.
곧 공도 아니고 유도 아닌 비공비유문이다.
두 극단을 버린 것이니, 곧 실상인 것이다.

_ 법화현의에서

본유생사

생사가 없다는 것을 말이나 글로써 아는 것보다
수행으로써 자신이 체득하여 활용함이 중요하다.
나고 죽음이 모두 한 과정에 불과하다.
아침이 되면 해가 뜨고 저녁이 되면 해가 지듯이
성인에서부터 범부에 이르기까지
났다 하면 언젠가는 이 몸을 버려야 하는 것이다.

사람이 난다는 것이 처음이 아니고
사람이 죽는다는 것이 끝이 아닌 것이다.
나고 죽는 것이 처음도 아니고 끝이 아닌 것이다.
나고 죽는 것이 처음도 아니고 끝이 아니므로
이를 본유생사本有生死라 한다.
나고 죽음이 금생에 처음 비롯된 것이 아니라
본래부터 있었던 일이니 생사에 묶일 필요가 없다.

사람이 태어날 때 축복 받듯이
사람이 뜻있게 한 생을 살았다면
죽을 때도 또한 축복받아야 한다.
생사불이生死不二이기 때문이다.

해가 지면 오늘이 끝난다고 생각하지만
한편으로는 반드시 내일이 온다는 의미가 있다.
이와 같이 금생이 끝난다는 것은
다음 생이 온다는 것을 의미하고 있다.
이렇게 생사가 불이不二이다.

본유생사本有生死란 생사가 본래부터 있었던 일이라
금생에 처음 비롯된 것이 아니라는 뜻이다.
사람들은 이를 알지 못하고
생사에 집착하여 묶이게 된 것이다.

70, 80년 굴리던 낡은 수레를 버리고
다시 새로운 수레를 받는다고 생각하면 웃음이 돈다.
낡고 고장난 자동차를 신형 자동차로 교환한다면
얼마나 기쁜 일이겠는가.

났다가 죽는다는 것은 화신化身이요,
나고 죽음이 없다는 것을 체득함은 보신報身이요,
자신의 당체가 상주불멸常住不滅임을 증득함은 법신法身이다.
이렇게 색심色心 가운데 이미 삼신三身을 구족한 진리의 당체이다.

법화경 여래수량품에서
천인 아수라들은 가야성 가기가 멀지 않은 도량에 앉아
아뇩다라삼먁삼보리를 얻었다고 생각한다 하심은

화신불化身佛이요,

내가 성불하여 옴이 백천만억 나유타 아승지 겁이니라 하심은

보신불報身佛이요,

항상 머물고 멸하지 않는다(常住不滅) 하심은

곧 법신불法身佛이다.

범부에서부터 부처님까지 십법계十法界가 저마다

삼신三身을 구족하고 있건마는

나고 죽음이 있는 응신應身에만 집착하니

어떻게 생사가 없는 도리를 알겠는가.

무량 나유타 아승지 겁 전부터 있었던

본유생사本有生死의 도리를 깨달으면

동시에 생사가 있을 수 없는

무유생사無有生死의 큰 진리를 깨닫게 되리라.

생과 사가 둘이 아니므로 생生이 축복 받듯이

사死도 축복할 수 있는 해탈의 눈이 열려야 되리라.

미소한 선근이 원과圓果를 이루리라

깨달음의 길은 언제 어디서나 누구에게라도 열려 있는 길이므로 깨달음을 얻고자 수행 노력한다면 한결같이 가능한 일이다.

귀천을 가리지 않고 오늘의 수행 선근이 내일의 불과佛果를 이루는 원인이 되네.

봄에 한 알의 씨앗을 심어 가을에 천 알 만 알을 거두듯이 금생에 묘법妙法으로 심은 선근이 내생에 열반성涅槃城에 드는 크나큰 공덕이 되리라.

오늘의 작은 선근이 내일의 공덕의 숲을 이루는 것은 마치 작은 솔씨가 후일 낙락장송이 되는 것과 같다.

법화경 방편품에서

"혹은 아이들이 장난으로 모래로 부처님 탑을 쌓았어도 이와 같은 모든 사람들은 모두 이미 성불하였노라. 또는 손 한 번 든다거나 혹은 머리 약간 숙여 불상에 이런 공양하여도 한량없는 부처님 차차 만나뵙고, 스스로 위없는 도를 이루어 수없는 중생을 널리 제도하고 무여열반에 들되 섶이 다하여 불 꺼진 듯하리라.

어떤 사람이 산란한 마음으로 탑묘에 들어 나무불 한 번 외워도 모두 이미 성불하였노라."

위의 경전의 말씀은 실상의 경지에서 하신 말씀이다. 큰 것과 작은 것이 둘이 아니다. 작은 것이 곧 큰 것이요, 큰 것이 곧 작은 것이다.

또 경에서 말씀하시기를,

"만약 어떤 사람이 임종시에 사람들에게 불상佛像을 조성하라 말하거나, 나아가 크기가 보리알 같은 불상을 조성하더라도 이 사람은 팔십억 겁의 생사의 죄를 없앨 수 있다"고 하셨다.

이렇게 미소한 선근이 원과를 이루는 원천이 되거늘, 슬프다. 사람들은 이런 작은 선근조차 멀리하니 아비지옥은 귀천을 가리지 않고 또 불도에 들게 됨도 귀천을 가리지 않네.

옛날 설산동자는 불법 반 게송을 듣기 위하여 아귀에게 몸을 던졌거늘, 목숨보다 가볍고 하찮은 재물을 아끼는 사람이 불법에 신명을 걸겠는가마는 "이 법을 받아지닌 자 성불 못함이 하나도 없느니라" 하신 성존聖尊의 말씀 가슴에 새겨 나무묘법연화경 제목을 소리 높이 부르게나. 명을 마칠 때 천불수수千佛授手하리라.

본무생사

열반이란 본무생사本無生死를 증득하는 것인데
생사를 하는 주체가 없다는 것을 깨달아야 본무생사를
증득하는 것이 된다.
자아自我가 없는데 생사가 어디 있겠는가.
생사가 없는 나의 본성本性을 깨달아
스스로 주인이 되는 것이 열반 아니겠는가.

자아라 하는 이 몸인 색色도 공하고
마음도 공하여 향기도 빛도 모양도 없거늘
어느 것을 자아라 하리오.

생사를 반복하고 있는 색신色身은 색법色法이요,
생사가 없는 것은 심법心法이다.
그러나 색심이 불이不二이다.
색심이 불이이기 때문에 생사가 곧 열반이다.
본무생사를 증득한다는 것은
바로 여래지如來地에 든다는 뜻이다.
자아의 실체가 없는데
생사인들 주인이 있겠느냐.

초발심시初發心是 변성정각偏成正覺

발심필경이불별 發心畢竟二不別
여시이심선심난 如是二心先心難
자미득도선도타 自未得度先度他
시고아례초발심 是故我禮初發心

초발심 내는 것과 필경에 성불함이 두 가지가 다르지 않도다.
이와 같은 두 가지 마음 중에 초발심 내는 것이 어렵네.
스스로 아직 제도되지 못했어도 남을 먼저 제도하나니,
이런 고로 초발심 내는 이에게 나는 예배하노라.
_ 열반경에서

초발심 낼 때 변성 정각을 이룬다.
_ 화엄경에서

깨친 중생과 깨칠 중생

깨친 중생은 제법실상諸法實相의 도리를 깨달아 불도佛道를 이룬 것을 의미하고, 깨칠 중생은 묘법을 수행하여 앞으로 부처가 될 부처 후보를 의미한다.

법화경 법사품에 이르시기를, "아뇩다라삼먁삼보리를 성취하였건마는 중생을 불쌍히 여겨 이 세간에 나기를 원하여 널리 묘법연화경을 분별하여 연설함인데……"라고 하셨다.
이는 깨친 중생으로서 중생을 제도하기 위해 생사의 길에 스스로 뛰어들어 중생과 더불어 아픔을 같이 하고 있으니 소위 화광동진(和光同塵 : 자신의 깨달음을 감추고 중생의 아픔과 같이 한다)이라 할 수 있다.

이 사람은 스스로 청정한 업보를 버리고 부처님께서 멸도하신 뒤 악한 세상에 나서 널리 이 경을 연설함이 바로 이것이다. 이미 깨친 중생이다.

깨칠 중생이란 부처가 될 후보 부처로서 부처가 되기 위해 정진하고 있는 사람들이다.
여래가 멸도한 뒤에 만약 어떤 사람이 묘법연화경의 한 게송이나 한 구절을 듣고 한 생각으로 따라서 기뻐함에 이르는 자에게 내가 아뇩다라삼먁삼보리의 수기를 주리라 하셨으니 이런 사람이 깨칠 중생이요 부처가 될 후보 부처이다.

제법실상의 도리를 깨친 후의 수행이 옳고 바른 수행이요, 이런 사람이 하는 법문은 정법과 일치되는 법문이다. 세상 살아가는 말을 하거나 정치하는 말을 하거나 혹은 상업하는 말을 하더라도 정법과 순응한다고 하셨다.
이에 반해 실상을 증득하지 못한 법문은 마설이거나 문자법사의 말이 된다.

그러나 깨친 중생이나 깨칠 중생이나 청정무구淸淨無垢한 자성은 차이가 없다. 자성은 무명無明에 물들거나 생사의 병에 걸리거나 파괴되거나 소멸되는 것이 아니다. 항상 스스로 원만히 이루고 있을 뿐이다. 상자적멸상常自寂滅相이다. 깨친 중생이나 깨칠 중생이 차이가 없는 불이不二일 뿐이다.

석가 세존께서는 이미 백천만억 나유타 아승지 겁 전에 성불하시고서 연등 부처님 처소에서는 선혜선인으로 수의수생隨意修生하시고, 또 대통지승 부처님 처소에서는 십육왕자의 몸으로 수의수생하시고, 또 위음왕 여래 처소에서는 상불경보살로 수의수생하시면서 중생을 제도하여 불도로 인도하시는 불사를 잠시도 쉬지 않으시니, 혹은 부처의 몸으로 법을 설하시기도 하고 혹은 중생의 몸으로 법을 설하시기도 함이 끝이 없는 것이다.

또 내가 멸도한 후에 이 경을 받아지닌 자 성불함이 결정코 의심이

256

없다 하심은 앞으로 깨칠 중생이니, 즉 부처 후보인 셈이다.

묘법연화경을 받아지니고 수행하는 법화행자가 부처 후보가 아니겠는가.

나무묘법연화경 제목을 소지하고 또 여러 사람의 입에 넣어주는 사람은 이미 깨친 중생이거나 또 깨칠 중생이 틀림이 없다.

이런 도리를 인법일여人法一如요 기법일체機法一體라 할 수 있다.

세존께서 부처님 모습으로 혹은 중생의 모습으로 자유자재하게 넘나드시면서 중생을 제도하여 불도로 인도하심이 끝없이 이어지고 있는 것이다. 이러하심을 여래비밀如來秘密 신통지력神通之力이라 하신 것이다.

불계佛界와 중생계衆生界를 넘나드시면서 시방 법계에 몸을 나투지 않는 곳이 없으시다. 부처님께서 열반의 모습을 보이심은 순전히 중생을 제도하기 위한 방편일 뿐이고 항상 여기에 머물고 계실 뿐이다.

병만 나으면

진성무염 眞性無染　본자원성 本自圓成
단리허망 但離虛妄　즉여여불 即如如佛

참된 성품은 물들지 않아 본래부터 스스로 원만히 이루어졌네.
다만 허망함을 여의면 곧 여여한 부처이어라.

병이 낫는다는 것은 본래 건강한 상태를 회복한다는 뜻이다. 병만 없어지면 본래 건강한 상태로 돌아간다. 이와 같이 우리의 본래 자성自性은 청정무구淸淨無垢한 건강한 상태이다.

푸르고 맑은 하늘이 비구름에 덮였다고 해서 맑은 하늘이 비구름에 물들거나 더럽혀지지 않는다. 바람이 불어 비구름을 걷어가면 맑은 하늘은 본래 그대로다. 생사生死의 병病이, 혹은 번뇌의 병이 자성自性을 물들이거나 파괴할 수 없다. 다만 청정한 자성을 잠시 가리웠을 뿐이다. 지혜로써 생사의 구름을 걷어가면 본래 자성은 스스로 원만히 이루어졌을 뿐이다. 여래수량품에서 양약을 먹고 병이 다 나았다고 하심은 본래 부처를 회복했다는 뜻이다. 중생衆生의 병이 나으면 그냥 여여한 부처이다. 중생이 부처로 변하여서가 아니라 중생이 병만 나으면 본래부터 부처일 뿐이다.

혜능대사 말씀과 같이 명경明鏡도 없고 명경대도 없는데 어디에 먼지가 앉고 때 묻겠느냐. 따라서 털고 닦을 것도 없게 된다.

선정에서 지혜가 나오고

성품이야 단박에 깨친다지만
습성은 단박에 없어지지 않느니라.

걸림없는 맑은 지혜
모두 선정禪定으로부터 나오는 법.
범인凡人의 경지를 뛰어 넘어 성인聖人의 경지에 들고…
성인의 길을 찾으려면 이밖에 다른 길이 없느니라.

선정에 드는 일과 생활이 따로 있는 것이 아니라
생활이 곧 나무묘법연화경 제목을 부름이요,
제목을 봉창함이 곧 선정이 되어야 하느니라.

제목을 외우면 고요함에 들고
고요함 가운데 제목이 살아 있느니라.

나무묘법연화경 제목을 외우는 데 장소가 따로 없고
제목을 외우는 데 시간이 따로 없느니라.

나무묘법연화경 제목을 부를 때
자신의 진여법성眞如法性이 드러나니

시방 제불의 법성이 자신의 성품에 들고
다시 제불의 법성과 나의 성품이 합치도다.

법화경은 경중왕經中王이다

인계人界의 왕중왕 전륜성왕이요,
천계天界의 왕중왕 제석천왕이요,
일대성교一代聖教의 왕중왕은 법화경이니라.

삼세제불의 출세본회인 법화경문에
약유문법자若有聞法者 무일불성불無一不成佛
만약 법을 듣는 자 성불 못함이 한 사람도 없으리라.
일체중생 개성불도皆成佛道이니
받아지닌 자 보리를 이루는 묘전妙典이라.
만약 어떤 사람이 법화경을 믿지 않는다면
다보여래께서 모두 진실이라 증명하심은 어떻게 할 것이며
시방제불의 설상범천舌相梵天과
출광장설出廣長舌을 어떻게 할 것이겠는가.

무시이래 생사를 끝내고자 할진대 반드시 무상도인
법화경 묘리妙理를 깨달아야 하리니
곧 제법실상諸法實相이니라.
법화경은 제불의 지혜이니라.
제불의 지혜가 모두 이 경에 속함이니라.

천태대사 법화현의에서 이르기를
묘妙란 불가사의 이름이라,
비밀히 감추어 두셨던 진리를 여는 것을 묘라 하고
또 묘란 최상승의 수다라修多羅
감로의 문이므로 묘妙라 하느니라.
법法이란 십계, 십여시, 권실權實의 법이니라.
연화란 권실의 법에 비유하느니라.

나무묘법연화경 제목을 외운다 해도
마음 밖에 법이 있다고 생각한다면
이는 묘법이 아니니라.
따라서 나의 일념一念인 한 생각을 가리켜 묘법연화경이라 하니
묘법이 곧 나의 마음이니라.

하나의 법이란

무량의자 無量義者　종일법생 從一法生
기일법자 其一法者　즉무상야 卽無相也
여시무상 如是無相　무상불상 無相不相
불상무상 不相無相　명위실상 名爲實相

무량의는 하나의 법으로 좇아났으며,
그 하나의 법은 즉 형상이 없음이니
이와 같이 형상이 없는 것은
형상도 없으며 형상이 아니니
형상이 아니기에 형상도 없으므로
실상이라 이름하느니라.

_ 무량의경에서

무량의란 한량없는 뜻을 품고 있다는 것이며
생주이멸生住異滅하는 생각이다.
하나의 법이란 곧 나의 마음이며
그 마음은 즉 아무런 형상이 없으며
눈으로 보는 대상이 끊어진 것이다.

형상이 없는 나의 마음이
이와 같이 모양이 없는 것이며
어떤 형상이 없으므로 형상이 아니고
형상이 아니기에 모양이 없으므로
이름하여 실상實相이라 하느니라.

마음의 진실한 상을 밝힌 말씀이니
하나의 법이란 곧 나의 마음이요,
그 하나의 마음이란 모양도 없고
향기도 빛깔도 없으니 곧 실상이니라.

기러기떼 무리지어 하늘을 방금 날아갔건마는
하늘엔 아무런 흔적이 없네.

고인이 이르기를
작년의 가난은 지팡이 꽂을 땅도 없더니
올해 가난은 지팡이마저 없네.

어제는 찻잔이 비었더니
오늘은 빈 찻잔마저 없네.
이 소식을 전하고자 하나
전할 곳이 없네.

자성의 진실한 모양이 곧 실상이다

실상에는 선악善惡이 없다.
번뇌가 곧 보리이다.
실상에는 범부凡夫와 성현聖賢이 차별이 없다.
일체만법一切萬法이 자성自性을 떠나지 않는다.

실상이란 눈으로 보는 대상이 모두 끊어진 것이며
부증불감不增不減이며 불구부정不垢不淨이면서 불생불멸不生不滅이다.
범부라고 덜함이 있는 것도 아니요,
성현이라고 더함이 있는 것도 아니다.

실상이란 허공의 바람과 같아
어떤 것에 의해 얽매임이 없고
어떤 것에 의해 파괴됨이 없고
어떤 것에 의해 물들지 않는다.
그냥 여여如如할 뿐이다.

실상이란 본래의 자성自性이다. 제불의 궁궐이며
자성은 만법萬法의 근원이요
일체 보살이 행할 곳이며,
모든 부처님께서 여기에서 무상보리를 얻으시고

여기에서 법륜을 굴리시고
여기에서 열반에 드시느니라.

마음이란 (1)

범부凡夫는 경계境界를 취取하고
성현聖賢은 마음을 취한다고 한다.

경계를 취한다는 것은
눈으로 보는 모든 대상에 끄달린다는 뜻이니,
온갖 것에 집착하여 이것을 얻었다 저것을 잃었다 하여
온갖 고통을 갖추어 받게 됨을 말한다.

성현은 마음을 취한다는 것은
마음은 본래부터 공적하여 취할 것도 버릴 것도 없다.
마음은 그냥 그대로 실상이요 묘법일 뿐이다.
마음은 마치 저 허공과 같아
무엇에 의해 속박 당하거나 파괴되거나
묶일 수 없다.

마음이란 (2)

있는 것도 아니요 또한 없는 것도 아니며
인因도 아니요 또한 연緣도 아니며
모나지도 않고 둥글지도 않으며 길지도 짧지도 않으며
나고 멸하지도 않으며
옳은 것도 아니고 그른 것도 아니며
얻는 것도 잃는 것도 아니며
저것도 이것도 아니며 가거나 오는 것도 아니며
푸르지도 않으며 누렇지도 않으며
빨갛거나 흰 것도 아니며
가지가지 색깔도 아니고 가지가지 향기도 아니다.

이러함이 마음이요 실상이다.
마음은 불성佛性이요 불성은 법성法性이요
법성은 곧 묘법妙法이다.

바람이 허공에 걸림이 없듯이
마음은 어떤 경계에 걸림이 없다.
범부와 성현이 차이가 없고
귀천貴賤에도 노소老少에도 차이가 없으며
생로병사生老病死에 빠지지 않는다.

마음은 본체이다

마음은 모든 법의 근본이니 마음은 곧 전체이다.
고심苦心이 곧 법신法身이니
이것이 마음의 본체心體요,
번뇌의 마음이 곧 반야般若이니
이것이 곧 종요心宗이며,
업심業心이 곧 해탈이니
이것이 곧 마음의 역용心用이다.

마음 가운데 이미 불계佛界를 비롯한
십법계十法界를 구족하고 있으니
마음이 불계를 이루는 근본이요 본체가 됨이라.
마음을 떠나 한 법도 얻을 수 없으니
마음이 곧 중생이요 또한 부처이니라.
고심苦心이 곧 해탈이니
마음으로부터 해탈을 얻을 수 있기 때문이니라.

마음은 모든 법의 근본이니,
일체 만법이 불리자성不離自性이니라.
중생계와 불계가 둘이 아니니
중생심 가운데 부처가 살고 있음이니라.

나무묘법연화경을 외운다 해도

나무묘법연화경을 비록 외운다 해도
경에 집착하면 묘법이 아니니라.
입으로 묘법을 외우면서
마음 가운데 심술보 한 단지
아만심 한 단지 곳곳에 집착하는 마음 가득하니
어찌 실상이 드러나겠느냐.

나무묘법연화경을 비록 외운다 해도
가지가지 분별심 낸다면 묘법이 아니니라.
선악의 분별심을 내려놓거라.
평상심平常心이 곧 도이니라.
해는 동쪽에서 떠서 서쪽으로 지고
물은 높은 곳에서 낮은 곳으로 흐르느니라.

나무묘법연화경을 비록 외운다 해도
자신의 마음 밖에서 법을 찾는다면 묘법이 아니니라.
팔만 사천 법문이 모두 마음 가운데 있느니라.
한적한 곳에 머물면서 그 마음 닦아 다스리고
어디에도 물들지 않음이 마치 허공과 같이 하면
이것이 마음의 실상이며 묘법이니라.

지금은 입에 쓴 약일지라도

곡식은 주인의 발자국 소리를 듣고 자라고
사람은 칭찬과 꾸중으로 성장한다고 한다.
그러나 사람들은 칭찬 듣기를 좋아하나
꾸중 듣기를 싫어한다.

명심보감에 이르기를
반석은 비바람에 움직이지 않고
군자는 칭찬과 비방에 움직이지 않는다.
그러나 사람들은 칭찬에 우쭐하고
비방에 불끈한다.

옛 어느 선지식이 말씀하기를
비방을 참는 것은 어지간히 참는데
칭찬에는 마음이 우쭐해질려고 한다.
칭찬에 마음이 움직이지 않기가 더 어렵다는 말씀이다.

자신의 칭찬과 장점은 남으로부터 나와야 설득력이 있어 좋고
자신의 허물과 단점은 자신으로부터 나와야
그 허물과 단점이 줄어들어
단점을 장점으로 승화시킬 수 있어 좋다.

부처님께서 말씀하시기를,
한가하고 조용한 곳에 머물면서
그 마음을 닦아 다스리고
편안히 머물면서 움직이지 않기를
마치 수미산과 같이 하라 하셨다.

바람에 티끌이 구르듯
경계 따라 마음이 움직이는 것을
범부중생이라 하고,
칭찬과 비방에 마음이 움직이지 않기를
마치 수미산과 같이 함을
성현이라 하고 큰 보살이라 한다.

부모의 꾸중을 거역하면
효를 그르치고
스승의 꾸중을 거역하면
배움을 그르친다.
부모와 스승의 꾸중이 입에 쓴 약일지라도
자신을 성장시키는 보약이 되리라.

사찰음식

사찰음식을 먹는 것을 공양이라 함은
삼보三寶에 올린 공양을 수행자가 먹는다는 뜻이다.
사찰음식은 쌀 한 톨 나물 한 가닥에도 삼보의 공덕과
여러 사람들의 수고와 정성이 담겨 있다는 것을 잊어서는 안 된다.
사찰음식은 몸을 지탱하여
수행에 매진하기 위한 약으로 생각하고 먹어야 한다.
사찰음식은 고기와 오신채를 금한다.
사찰음식은 만드는 것부터 먹는 것까지 모두가 수행의 일행이다.
사찰음식은 번거로움을 피하고 자연이 길러낸 자연식으로 하되
삼보의 공덕과 어머니가 챙겨주시는 정성스런 음식과 같아
아무리 하찮은 음식이라도 감사하게 먹어야 한다.
사찰음식은 자연이 길러낸 재료를 사용한 자연식이기에
우주의 밥상이요, 공덕의 밥상이다.
사찰음식을 먹고 얻은 에너지를 수행으로 승화시켜
모두가 한결같이 불도를 이루어지이다.

법화경 묘장엄왕본사품에 등장하는 묘장엄왕은
과거생에 탁발을 하여 법화행자에게 공양을 한 공덕으로
세세생생 임금의 몸을 받고 마침내 운뢰음수왕화지 부처님으로부터
성불 수기를 받게 됨이라.

이렇게 법화행자에게 공양을 제공함은
곧 시방제불께 공양함이니라.
사찰음식은 곧 공덕의 음식이요,
성불로 이어지는 음식이니라.
사찰음식을 바루공양함은
가장 절제되고 규율과 법다운 공양이며
낭비성이 전혀 없어 친환경적인 공양이다.

법화경의 정요精要

법화경의 정요를 누가 묻는다면
시방 제불의 출세본의出世本意요
시방 제불의 안목眼目이며
제법실상諸法實相의 묘리妙理로다.
시방 제불의 스승이요
시방 제불의 모태母胎이며
시방 제불의 근본이고
시방 제불의 골수요
일체 중생 개성불도皆成佛道의 심심묘전이로다.

법화경의 요지를 누가 묻는다면
시방 제불의 출세본회出世本懷요,
여래 일체 소유지법所有之法
여래 일체 자재신력自在神力
여래 일체 비요지장秘要之藏
여래 일체 심심지사甚深之事이며,
여래비밀如來秘密 신통지력神通之力이요
구원실성久遠實成 상주불멸常住不滅의 극리이며,
일체 중생의 성불직도成佛直道의 묘전妙典이로다.

묘妙일 뿐이다

제호醍醐의 경전은 하나의 인과因果가 높고 넓으며 길어서 묘妙일 뿐이고 추麤는 없다.

또 제호의 경전의 묘한 원인과 묘한 결과는 다른 경전의 묘한 원인과 묘한 결과와 다르지 않으므로 묘라고 한다.

법화경에서 중생으로 하여금 불지견佛知見을 열어 보여 깨달아 들게 하기 위하여 라고 하심은 만약 중생에게 불지견이 없다면 무엇을 열어 보여 깨달아 들게 하겠는가. 그러므로 마땅히 불지견은 중생에게 깊이 내재함을 알아야 한다.

불법은 방편(權)과 진실(實)을 벗어나지 않는다. 이 법은 아주 깊고 미묘하여 보기도 어렵고 요달하기 어렵다.

일체 중생이 부처님을 알 수 없는 것이니, 이는 곧 실지實智의 묘이다.

오직 부처님과 더불어 부처님만이 제법실상諸法實相을 깨달아 아시기 때문에 이것을 불법의 묘妙라고 한다.

_ 법화현의에서

중도

나는 형상 있는 부처를 구하지 않고
형상 없는(無相) 마음을 구한다.
나는 경계境界를 취하지 않고
마음의 실상實相을 취한다.

나는 낙樂을 취하지 않고
또한 고苦를 싫어하지 않는다.
나는 생사를 싫어하지 않고
열반涅槃을 얻는 데 집착하지 않는다.

나는 극락에 나기를 원하지 않고
내가 선 당처를 청정불국토로 삼는다.
나는 번뇌를 끊으려고 애쓰지 않고
번뇌를 보리菩提로 삼는다.

나는 악惡을 멀리 하려고 애쓰지 않고
또한 선善을 쌓으려고 애쓰지 않는다.
나는 중생을 열등하다고 보지 않고
성현聖賢을 수승하다고 보지 않는다.

나는 명리名利에 집착하지 않고
현재 내가 가는 길을 즐긴다.
나는 부富를 추구하지 않고
가난을 혐오하지 않는다.

삼신불三身佛의 수명

가야성 가기가 멀지 않은 도량에 앉아서
아뇩다라삼먁삼보리를 얻었다 하심은 응신불의 수명이요,
아승지의 수명이 무량한 것은 보신불의 수명이요,
상주불멸常住不滅의 도리는 법신불의 수명이다.
삼신불의 수명이 이와 같이 완연하니 상주의 뜻이 족하리.

응화불보리應化佛菩提, 가야성 가기가 멀지 않은 도량에 앉아
아뇩다라삼먁삼보리를 얻은 것에 이르는 것이요,
보신불보리報身佛菩提, 나는 실로 성불한 지
무량 무변한 백천만억 나유타 겁이 되었다 하심이요,
법신불보리法身佛菩提, 여래는 여실하게 삼계의 모습을 보니
삼계에서 보는 삼계와 같지 않느니라 하심이다.

영험도량 어디메냐

영험도량 어디메냐.
명산대찰이 영험도량이냐.
첩첩산중 절벽 밑의 작은 암자가 영험도량이냐.
천길 벼랑 끝에 우뚝 서있는 관음성지가 영험도량이냐.

저마다 육신 가운데 이미 고불古佛이 살고 있으니
이 세상에 가장 확실한 영험도량은
곧 바로 저마다의 육신이라.
저마다의 육신 가운데 삼신이 머물고 있느니라.

영험도량을 찾아 골골마다 헤매는 자여,
그대 가운데 살고 있는 부처를 먼저 만나거라.
먼저 자신의 발밑을 살펴보거라.
자신 가운데 머물고 있는 부처가 참 부처이니라.

심불급중생心佛及衆生이 삼무차별三無差別이라.
마음과 부처와 중생 셋은 차별이 없다 하셨으니,
자신을 떠나 별도로 부처를 구하지 말라.

저마다 육신을 잘 활용할 때

가장 영험 있는 도량이 되지만
잘못 굴리고 삿되게 굴리면
마구니가 살고 있는 소굴이 되리라.

육신은 고불이 살고 있는 영험도량이지만
잘못 굴리면 도둑이 드나드는 문이 되리라.

욕심을 버린 자리에는

잡동사니로 가득한 마음의 잔
그 마음의 잔을 비우지 않고서는
아무것도 담을 수 없다.
욕심을 비운 자리에는
넉넉함이 가득하고

성냄을 치운 자리에는
안온함과 즐거움이 메우고
어리석음을 버린 자리에는
지혜의 등불이 어둠을 밝히네.

분별심을 놓아버리면
시시비비가 일어나지 않고,
아만심을 버린 자리에는
너와 나의 조화로움이 피어나고,
모든 것에서 집착을 놓아버리면
모든 고통에서 벗어나
공중에 바람처럼 막히고 걸릴 것이 없으리라.

모든 종교의 진리가 같다고 함은

1. 불교는 절대신을 인정하지 않는다.

    불교는 어떤 신을 믿고 따르는 종교가 아니다.

    불교는 진리를 깨달아 자신이 부처가 됨을 구경으로 한다.

    석가 세존께서는 깨달음을 성취하신 후, "나도 인간이다. 아버지는 정반왕이요 어머니는 마야부인의 몸을 빌려 인간으로 태어났다."고 선언하셨다.

    이는 모든 인간이 수행으로써 진리를 깨달아 부처가 될 수 있음을 의미한다.

    인간이 깨달으면 부처가 되는 것이다.

    어떤 절대신이 있어 인간의 길흉화복을 좌지우지한다면 이는 지극히 불행한 일이며, 우주진리와 생명의 존엄성을 파괴하는 일이 된다.

    우리가 부처님께 공경 공양드림은 절대신으로서가 아니라, 진리를 깨달아 이 세상을 밝히시어 모든 사람이 모든 고통에서 벗어날 수 있고 생사의 강을 건널 수 있으며, 마침내 중생이 성불할 수 있는 길을 밝혀주신 것에 대한 대스승으로서 경배 드리는 것이다.

2. 불교는 절대신에 의한 천지우주 창조설을 부정한다.

어떤 절대신에 의해 만들어짐을 작인作因이라 한다.

자연 그대로 인연에 의해 형성되고 존재함을 요인了因이라 한다.

불교는 작인을 인정하지 않고 요인을 믿고 인정한다.

예를 들어, 저 한 그루의 나무를 어떤 절대신이 만든 것이 아니라,
한 그루의 나무가 있기까지는 씨앗과 공기와 물과 흙과 빛이 있음
으로 해서 가능한 일이다.

인간도 마찬가지다.

부모가 자식을 만든 것으로 오해하고 있지만 부모는 자식이 태어
날 수 있는 원인을 제공한 것이다.

부모가 자식을 만든 것이라고 고집하는 분에게 이렇게 묻고 싶다.

언제 자식의 눈과 귀와 코와 입을 만들었으며 오장육부를 언제 어
떻게 만들었느냐고…

우주만물은 요인에 의해 형성되고 존재하고 있을 뿐이다.

이 우주는 성주괴공成住壞空하고, 우리의 육신은 생로병사生老病死
하고, 마음은 생주이멸生住異滅하고 있는 것이다.

만약 어떤 창조주가 이 우주를 만들었다면 이는 처음부터 실패작
이다.

불교에서는 창조주는 오직 저마다 마음이라고 가르친다.

일체유심조一切唯心造라 하셨다.

창조주가 별도로 있는 것이 아니라, 오직 마음이 일체 만법을 조
작한 것이 된다.

3. 타종교는 수직형인데 반해 불교는 수평형이다.

　　대부분의 종교는 어떤 절대신의 자리를 감히 넘볼 수 없는 신성불
가침神聖不可侵의 자리라 여긴다.
　　오직 절대신만이 영유하고 있으니 사람들이 언감생심焉敢生心 신
의 자리를 넘볼 수 있겠는가.
　　그래서 타종교는 수직형이다.
　　사람들은 절대신의 은총을 받고 구원받고자 간절히 매달린다.
　　절대신의 시종이 되는 것으로 만족한다.
　　불교는 수평형이다.
　　잘났거나 못났거나 가졌거나 못 가졌거나 귀하거나 천하거나 차
별없이 진리를 깨달아 부처가 될 수 있다.
　　대평등의 진리이다.
　　어떤 신의 시종이 아니라 자신이 절대자가 되고 주인공이 되고 부
처가 되어야 함을 가르친다.
　　만약 평등심을 잃는다면 이는 불교의 가르침에 어긋난다.
　　임금의 아들은 임금이 되고, 부처님의 아들은 부처님이 되는 것이
순리다.
　　모든 중생이 한결같이 부처가 될 수 있으니 대평등인 것이다.

4. 타종교는 믿음으로 끝나지만 불교는 믿고 수행하여 깨달음을 추
구한다.

　　맹신은 무명만 증장한다.

불교는 법을 믿고 수행하여 깨달아 증득하여 실천에 옮겨야 한다.
진여불성眞如佛性을 깨달아 우주에 충만해 있는 공덕으로 모든 중
생들을 제도 해탈케 해야 한다.
세상의 모든 것이 한결같이 적멸의 모습이다.
모든 법이 본래부터 열반상임을 깨달아 자신이 부처가 됨을 구경
으로 삼는다.

5. 불교는 화합과 자리이타행이 근본이다.

부처님께서 "이 삼계는 모두 나의 것이며 그 가운데 중생은 모두
나의 아들이라. 그러나 지금 이 삼계에는 모든 환난이 많으니, 오
직 나 한 사람만이 능히 구호할 수 있느니라." 하신 것이다.
부모는 고통받고 있는 자식에게 마음을 두고 애잔해 한다.
부처님은 가르침을 받아들이지 않는 중생을 자비심으로 감싸시
지만, 중생들은 부처님의 뜻을 헤아리지 못한다.
자신이 수행함은 자리自利가 되고, 남을 제도하여 고통에서 건져
내고 불도로 인도함이 이타利他행이 된다.

6. 불교는 법등명 자등명이다.

불교는 먼저 법에 의지하여 깨달음을 얻어야 하므로 법등명法燈明
이라 하고, 자신을 의지하여 자리이타행을 해야 하므로 자등명自
燈明이라 한다.
법은 곧 진리이며 진리에 의지하여 수행하면 성인의 경지에 들게

되는 것이다.

아무리 거룩한 법이라도 자신이 닦지 않으면 깨달을 수 없다.

자신이 배가 고픈데 남이 밥을 대신 먹어줄 수 없다.

법에 의지하여 자신이 스스로 수행하여야 구경의 경지에 들 수 있기 때문에 법등명 자등명이 된다.

내가 믿는 종교가 귀하다면 남의 종교도 귀한 법이다.

서로간에 문화가 다르고 이념이 다를 뿐 인간의 본질은 차등이 없다.

자신의 행이 바르면 남의 행을 귀하게 보게 된다.

성인들의 가르침이 문제가 있는 것이 아니라, 이를 따르고 전달하는 과정에서 오해와 갈등이 생기게 된 것이다.

묘법이 곧 실상이요 실상이 곧 묘법이니라

묘법妙法이 곧 실상이요 실상이 곧 묘법이다.

실상은 제법諸法의 본체요 자신의 본체임을 여실히 아는 것이 곧 묘법이다.

이는 실상이다, 이는 실상이 아니다 하는 것도 곧 모두 실상이요 묘법이다.

중생계衆生界와 불계佛界가 둘이 아님을 깨닫는 것이 곧 묘법이다.

법계의 온갖 모든 것을 실상으로 보는 것이 곧 묘법이다.

자신 가운데 고불古佛이 살고 있음을 깨닫는 것이 곧 묘법이다.

사바세계가 적광토寂光土임을 깨닫는 것이 곧 묘법妙法이다.

방편이 진실이요 추麤가 묘妙임을 아는 것이 곧 묘법妙法이다.

취사取捨 선택이 모두 끊어진 것이 곧 묘법이다.

빈부귀천貧富貴賤의 차별이 없는 것이 곧 묘법이다.

성인과 범부가 동일한 것이 곧 묘법이다.

생사와 열반이 둘이 아님이 곧 묘법이다.

중생이 있는 곳에 부처가 있고 부처가 있는 곳에 중생이 있음이 곧 묘법이다.

고苦와 낙樂이 둘이 아님이 곧 묘법이다.

대평등심大平等心이 곧 해탈법문解脫法門이요 묘법이다.

선善과 악惡이 둘이 아님이 곧 묘법이다.

일색일향一色一香이 중도中道 아님이 없음을 여실히 깨닫는 것이 묘법이다.

실상은 법화경의 근본이며, 일체 경의 본체이며, 모든 수행의 본체가 됨이 곧 묘법이다.

중생계가 십여시十如是와 사불지견四佛知見을 이미 갖추고 있음을 깨닫는 것이 곧 묘법이다.

방편을 열어 진실을 드러냄은 개권현실開權顯實이요
삼승을 열어 일불승을 드러냄이 개삼현일開三顯一이며
추를 열어 묘를 드러냄이 개추현묘開麤顯妙이니, 이러함이 곧 묘법
이다.

적문을 열어 본문을 밝힘은 개적현본開迹顯本이요
가까운 것을 열어 먼 것을 드러냄이 개근현원開近顯遠이며
본불의 본체가 드러나니 적문은 빛을 잃음이 폐적입본廢迹立本이며
곧 묘법이다.

무상즉실상無相卽實相

일체법이 모두 한 가지 모습(一相)이며 그 한 가지 모습은 무상無相
이다.
이와 같이 모습이 없는 것은 모습이 없으며 형상이 아니니,
형상이 아니기에 모습이 없으므로 실상이라 이름하느니라.

일체법一切法이란 소위 제법諸法이요,
무상無相이란 곧 실상이니 이를 제법실상諸法實相이라 하느니라.

실상이란 무상無相이요 모습(相)과 색(色)이 아니니라.
일체 있다는 모습이 눈으로 보는 대상이 끊어진 것이니,
모습 없는 모습으로 모습 있는 몸이라.
중생의 신상身相도 또한 이러한 모습이니라.
_ 무량의경

중생의 신상身相 그대로 모습 없는 모습이니
모습이 없으므로 곧 실상實相이니라.
실상은 법화경의 본체이며 일체경의 본체이고
나아가 모든 수행의 본체가 되며
또한 두루 일체법의 본체가 되는 것이다.
이 법은 보일 수도 없고 말과 형상이 적멸寂滅이니라.

자심이 곧 묘법이다

열반경에서 이르시되,
만약 어떤 사람이
무엇이 일체 모든 선근의 근본인가 하고 묻는다면,
자심自心이 이것이라고 말해야 한다.
자심이 이미 수행의 근본이기 때문에 범행梵行이라고 말한다.

만약 원교에 의해서 말한다면
또한 열반경과 같이 자심이 곧 여래如來이고
자심이 곧 불성佛性이다.

자심自心이 만약 부처님의 십력十力 사무소외四無所畏
삼십이상三十二相을 갖추지 않았다면 이것은 성문의 자심이고
만약 구족하였다면 이것은 여래의 자심이다.
이 자심은 곧 큰 법法이 모인 것이고
자심은 곧 대열반大涅槃이다.
자심의 힘은 크고 깊어서 일체 복덕장엄을 구족한다.
그러므로 범행이라 한다.

자심은 묘법의 항하사 게송을 함장한다.
그러므로 자심을 묘법妙法이라 한다.

일색일향一色一香이 자심이 아님이 없고
또한 묘심妙心이 아님이 없다.
자심自心은 곧 실상實相이며
실상이 곧 자심이다.

_ 법화현의 참고

끝내 공으로 돌아간다

저마다 종교가 다르고 이념이 다르고 모습이 다르고
성품이 다르고 체형이 다르고 능력이 다르고
하는 일이 다르고 인연과보가 다르다 할지라도
한 가지 같은 것은 끝내 공空으로 돌아가는 것이다.
종귀어공終歸於空이다.
본말구경등本末究竟等이요, 대평등의 원칙이다.

종교와 이념과는 상관없이 우리들의 본래성품은
항상 스스로 적멸상常自寂滅相이다.
이 하나의 진리만 누구에게나 차등이 없다.

누구나 본래성품은 스스로 열반의 모습이니,
이런 진리를 누가 만든 것도 아니요
누가 가져다 준 것도 아니요
중간에 생긴 것도 아니고 본래부터 스스로 열반상이다.
오역죄인도 축생도 아귀도
끝내 공으로 돌아가는 이치에는 차등이 없다.

성인이라고 해서 더 수승하고
범부라고 해서 하열한 것이 아니라

꼭 같은 적멸상을 스스로 구족하고 있다.
이런 진리 때문에
천상천하天上天下 유아독존唯我獨尊이라 하신 것이다.

저마다 이미 구족하고 있는 본래 성품은
밝고 청정하여 유아독존일 수밖에 없다.
여기서 유아唯我는 어떤 특정 인물의 유아가 아니라
저마다 모두의 유아인 것이다.
저마다 참 나일 뿐이다.

나무묘법연화경은

나무묘법연화경은 우주의 생명입니다.
시방 제불의 생명이며 모태母胎입니다.
모든 중생의 생명이며 원천입니다.

나무묘법연화경은 진리의 바다입니다.
제목을 부를 때 모든 고통에서 해탈하는 때이며
생사의 강을 건너는 길이요,
불도에 들게 되는 것입니다.

나무묘법연화경은 중생 성불의 직도直道입니다.
시방 삼세 제불께서
한결같이 묘법연화경으로 성불하시고
일체 중생이 또한 이 경전의 힘으로 성불하게 됩니다.

나무묘법연화경은 제불출세본회諸佛出世本懷입니다.
모든 부처님께서 세상에 출현하신 근본이요 본의입니다.
중생으로 하여금 불도에 들게 함을
일대사인연一大事因緣이라 합니다.

나무묘법연화경은 시방 제불의 영원상주의 수명입니다.

제목을 믿고 부르는 중생은 부처님의 수명을 잇는 것이며,
부처님의 장구한 수명이 곧 중생의 수명입니다.

나무묘법연화경은 모든 것의 생명의 근원입니다.
우리 가운데 살아서 요동치는 생명이
곧 나무묘법연화경이요 생명의 실상입니다.
모든 것의 생명의 본래 고향입니다.

나무묘법연화경은 속성취불신速成就佛身의 당체입니다.
나무묘법연화경을 떠나 별도로 속성취불신은 없습니다.
교주 석존의 자아득불래自我得佛來의 근본이며
구경의 진리입니다.
중생 성불의 직도를 빼고는 구경의 진리는 없습니다.

나무묘법연화경은 부처님의 상락아정常樂我淨입니다.
상常이란 항상함이니
이실불멸도而實不滅度 상주차설법常住此說法이요,
락樂이란 중생제도함이니
상설법교화常說法教化 무수억중생無數億衆生이요,
아我란 십법계十法界의 아我이니
자아득불래自我得佛來 소경제겁수所經諸劫數요,
정淨이란 처염상정處染常淨이니
아차토안은我此土安隱 아정토불훼我淨土不毁입니다.

나무묘법연화경은 육근청정입니다.
제목을 부를 때가 곧 육근이 청정한 때입니다.
한량없는 겁에 탐욕으로 말미암아
육근을 흐리게 하였으나
제목을 봉창하는 순간 육근청정을 회복합니다.

나무묘법연화경은 부모미생전父母未生前의 본래 고향입니다.
제목을 부르는 순간 실상의 고향이 드러나게 됩니다.
시방 제불의 고향과 범부의 고향이 다르지 않아
적멸의 고향이 바로 이곳 당처입니다.
본래 고향이 제목 가운데 있습니다.

나무묘법연화경은 중생소유락衆生所遊樂입니다.
묘법연화경을 떠나 별도로 중생소유락은 없습니다.
묘법의 보배수레를 타고 직지도량直至道場합니다.

나무묘법연화경은 경전 중에 제왕입니다.
묘법연화경이 만약 없다면 하늘에 태양이 없는 것과 같고
나라 안에 임금이 없는 것과 같고
가정에 부모가 없는 것과 같습니다.

나무묘법연화경은 시방 제불의 비요지장秘要之藏입니다.
부처님과 더불어 부처님만이 깨달아 다하신 법입니다.
여래께서 비밀히 감추어 두셨다가

뒷끝에야 중생 성불을 위해 설하신 묘법입니다.

나무묘법연화경은 대양약입니다.
온갖 좋은 약초를 모아 찧고 체로 쳐서 배합하여
먹기 좋도록 묘법연화경의 환약을 만들어
세상에 내려놓으셨습니다.
먹으면 낫지 않는 병이 없고
쌓이지 않는 공덕이 없고
멸하지 않는 업장이 없는 것입니다.
이제 묘법연화경의 대양약을 먹을 일만 남았습니다.

불지견을 열어라

부처가 중생지견衆生知見을 열면 중생이요,
중생이 불지견佛知見을 열면 부처입니다.

중생지견이란 육안으로 보고 귀로 듣고는 현상에 집착하고
모든 생각을 자기중심적으로 하고
탐진치에 빠져 온갖 것에 집착하는 것이니
온갖 고통이 따르는 것입니다.

불지견이란 제법실상을 깨달아 사물을 보는 견해입니다.
세상에 있다는 온갖 것의 본성품은 적멸상寂滅相임을 깨달아
세상을 보는 지혜입니다.
부처님의 지혜로 세상을 보는 견해입니다.

중생이 제법실상의 도리를 깨달아 불지견을 열어 들어감으로써
성불이 결정되는 것이요,
제법실상을 깨닫지 못하고 현상에 매달리면
중생지견에 빠지게 됩니다.
그러므로 부처가 중생지견을 열면 중생이요,
중생이 불지견을 열면 부처입니다.

어떤 제자가 스승에게 부처가 무어냐고 물었습니다.
스승은 다짜고짜 주장자 30방을 안겼습니다.
영문도 모르고 주장자 30방을 맞은 제자는 도망갔습니다.
스승의 깊은 도리를 알지 못한 채…
주장자 30방은 제자를 깨닫게 하는 방편입니다.

법화회상에서 법문을 몇 년 들은 불자들이
중생지견만 열고 있다면 실로 안타까운 일이 아닐 수 없습니다.
해답은 오직 자신에게 있습니다.
불지견이 이미 저마다 자신 가운데 있으니까요.

불지견은 누가 가져다주는 것도 아니고
홀연히 생긴 것도 아니고
갑자기 만들어진 것도 아닙니다.
저마다 자신 가운데 구족되어 있습니다.

불지견을 열어 가면 시시비비가 사라지고
아상과 분별심이 사라져 선악에 물들지 않습니다.
어디든지 언제든지 행복할 줄 압니다.
생사生死에 끄달리지 않습니다.

불지견을 열어갈 시간이 그리 많이 남아 있지 않습니다.
불지견은 입으로만 여는 것이 아니라
생각으로 실천행으로 열어가야 합니다.

경전의 말씀

나는 죽음을 환영하지 않지만
삶도 환영하지 않는다.
나는 자연스럽게 다가올 때에 맡긴다.
나는 죽음을 원하지 않으며
삶에 집착하지 않는다.

보살이 청정한 국토를 얻으려거든
먼저 마음을 청정히 해야 한다.
마음이 청정하면 곧
국토가 청정하느니라.(心淸淨 國土淸淨)

꼭 삭발염의를 해야 출가하는 것이 아니고
만일 아뇩다라삼먁삼보리심을 발한다면
그것이 곧 출가하는 것이고
그것이 바로 구족계具足戒를 받는 것이다.
_ 유마경 제자품에서

진정한 보살행이란 중도행中道行이다.
생사生死에 있으면서 그릇된 행을 하지 않고
열반에 머물면서도

302

영원히 열반에 안주하지 않는 것이 보살행이다.
범부의 생활도 아니요 성자의 생활도 아닌 것이
진정한 보살행이다.
청정한 행도 하지 않고 부정不淨한 행도 하지 않는 자를
진정한 보살이라고 한다.

잔꾀부리지 말고 실상을 증득하라

백법을 법답게 행할 시간이 그리 많이 남아 있지 않은데
어찌 잔꾀 부리겠느냐.

무량의는 하나의 법으로 좇아 났으며
그 하나의 법은 즉 형상이 없음이니
이와 같이 형상이 없는 것은
형상도 없으며 형상이 아니니
형상이 아니기에 형상도 없으므로
실상이라 이름하느니라.

_ 무량의경에서

여기서 하나의 법이란 곧 우리들의 마음이다.
그 한마음은 즉 형상이 없으며 형상이 아니기에
형상이 없으므로 실상이라 이름하느니라 하심은
우리들의 한마음 그대로가 곧 실상임을 밝히신 말씀이다.
한마음에 어떤 모양이 있을 수 없고
향기와 빛깔이 있을 수 없으며
눈으로 보는 대상이 아니니 실상이라 이름한다 하신 것이다.
우리들의 마음과 생각이 곧 실상인 것이다.

달빛이 연못 밑을 뚫어도 물결이 일지 않고
대나무 그림자가 진종일 섬돌을 쓸어도 티끌이 일지 않네.
이런 도리가 곧 실상을 깨치고자 하는 선사들의 지견知見이다.

우리들은 마음이 곧 실상임을 알지 못하고
육안으로 보는 대상에만 집착하고 있다.
마음의 실상을 진종일 쓰고 있건마는
이를 알지 못하고 이것을 잃었다 저것을 얻었다 하고
온갖 분별심을 내는구나.

이는 실상이다 이는 실상이 아니다 하는
그 놈이 곧 실상이니라.
일체법이 한 생각에서 비롯되니
어찌 일체법이 실상이 아니겠느냐.
이를 경에서 제법실상諸法實相이라 하셨느니라.
한 생각이 곧 실상이다.

제법실상이란
세상에 있다는 온갖 모든 것의
본래 바탕은 곧 실상이니 스스로 적멸상이다.
지옥은 지옥 그대로 실상이요
아귀는 아귀 그대로 실상이며
범부는 범부 그대로 실상이요
성인은 성인 그대로 실상이다.

범부가 성인으로 바뀌어 실상이 아니니라.

화엄경에서 이르시기를
기이하고 기이하도다.
모든 중생이 여래의 지혜를 이미 갖추고 있건마는
어리석고 미혹하여 알지 못하고 보지 못하고 있구나 하심이
곧 마음의 실상을 밝히신 말씀이다.

이는 모든 중생의 본 성품이 여래와 차별이 없다는 말씀이니,
일체 중생의 성품이 곧 실상임을 밝히신 말씀이다.
본래부터 그냥 그대로 열반상이니,
누가 가져다준 것도 아니요
중간에 생긴 것도 아니요
무량무변 백천만억 아승지 겁 전부터
저절로 적멸寂滅의 모습이니라.

자만심이 낳은 망상증

어느 불자가 스님에게 하소연하기를
정성을 다하여 본불님께 매달리고 빌고 수행했는데
아무 소용이 없었어요.
그동안 모았던 재물이 다 나가고
이제 아무것도 없어요, 다 잃었어요.

스님: 잃었으면 얻은 것도 있었겠구만.

이는 부처님이나 절대신에 의해
사람의 길흉화복이 좌지우지 하는 것으로 들린다.
자신 밖에 어떤 부처님이 있어 사람의 소원을 들어주고
복이나 죄를 주는 것으로 착각하고 있다.

결론부터 말하자면
자신의 마음 밖에는 어떤 절대신도 없고 본불님도 없다.
본문삼보를 신행하는 어떤 도량에서
이 도량 아니면 안 되고 내가 아니면 안 된다고 가르치고 있다.
과연 그렇다면 이는 자만심이요 과대망상증이 아닐 수 없다.
내가 되면 너도 돼야 한다. 여기서 된다면 어디든지 돼야 한다.

대승은 입으로 하는 것이 아니라 실천행으로 해야 한다.
이 몸으로 정법을 여설수행如說修行한다 해도
그리 많은 시간이 남아 있지 않다.
어찌 삿된 행으로 시간을 낭비하겠는가.

진정한 대승은 중생의 고통이 있는 곳에 같이 한다.
모든 중생을 고통에서 제도하고
생사의 강을 건너게 하여 불도에 들게 해야 한다.

행법경에서 이르시기를
대승경을 읽고 외우고 대승의 뜻을 생각하고
대승의 일을 생각하고 대승을 가진 자를 공경 공양하고
일체 사람을 보되 마치 부처님을 생각함과 같이 하고
모든 중생을 부모를 생각함과 같이 하라 하셨다.

그러면 대승의 근본 뜻이 무엇인가.
제법諸法이 스스로 적멸상寂滅相이다.
자신이 본래부터 부처였다면 다른 모든 사람도 본래부터 부처였다.
자신이 스스로 열반상을 구족했다면
다른 사람도 스스로 열반상을 구족하고 있다.

대승을 받아지녔다 하여 자만심이 생겨
다른 사람을 가벼이 여기고 헐어 비방한다면
대승의 포용성, 평등성을 잃어버린 것이 된다.

제법실상諸法實相을 깨달았다면 있을 수 없는 일이다.

유화질직자柔和質直者가 되어야 한다.
대승은 입으로 하는 것이 아니라 실천행에 있다.
자리이타自利利他행이 없는 대승은 진정한 대승이 아니다.

어떤 분야이든지 성공한 자에게
제일 먼저 찾아오는 것이 자만심이다.
이 자만심을 꺾어 없애지 않으면
성공의 탑은 서서히 무너질 것이다.
끝없는 절차탁마切磋琢磨가 있어야 하리라.

금생에 이 몸을 제도하지 못한다면

내가 내 자신을 제도하지 못하면서
어떻게 남을 제도할 수 있겠는가.
내 자신이 불난 집에서 머물고 있으면서
어떻게 남을 불난 집에서 건져낼 수 있겠는가.
내 자신이 생사의 강을 건너지 못하면서
어떻게 남으로 하여금 생사의 강을 건너게 하겠는가.

인간의 몸 받기 어렵고
불법 만나기 어렵고
선지식 만나기 어렵고
대승인 묘법 만나기 더욱 어렵다고 하는데
지금 인간의 몸을 받아
극대승인 묘법을 만났으니,
어찌 이 몸을 제도하지 못하리.
금생에 이 몸을 제도하지 못한다면
또 어느 생을 기약하리오.

부처님의 실상지혜實相智慧가 오롯이 담겨 있는
이 묘법으로써 생사의 강을 건너지 못하고
무상지혜를 얻지 못한다면

무슨 법으로써 이 몸을 제도하랴.
먹으면 낫지 않는 병이 없는 묘법의 양약으로써
중생의 모든 병을 낫게 하리라.

부처님 금언金言
성제지어誠諦之語를 받아지니고서
이 몸을 제도하지 못하고 이타행利他行이 없다면
어찌 출격 장부라 하리오.
어찌 출가사문出家沙門이라 하리오.

금생에 정수범행淨修梵行이 없다면
이 몸 하나도 제도 못할진대
어찌 이타행利他行이 있겠느냐.

저희는 신명을 아끼지 않고
다만 무상도를 아끼오리다.
부처님, 저희 마음을 살펴주소서.
수기보살들의 서원을 마음에 담아
다만 무상도를 수행하고 유포하오리다.

무일불성불無一不成佛

해가 서쪽에서 떠서 동쪽으로 진다 해도
조수가 드나들지 않을지라도
세상에 있다는 온갖 것이 본래부터
항상 스스로 적멸상임은 변함이 없으리라.

오늘이 가고 내일이 오지 않을지라도
세상 스님들이 다 망가진다 해도
구경열반究竟涅槃이오 상적멸상常寂滅相이라,
끝내 공空으로 돌아감은 변함이 없으리라.

물이 낮은 데서 높은 곳으로 흐를지라도
대지가 모두 뒤집힐지라도
묘법의 진의는 허망함이 없어
법화행자가 성불 못함이 하나도 없으리라.

하늘에 떠 있는 별이 땅에 다 떨어질지라도
바닷물이 다 마를지라도
자부慈父의 금언이요 성제지어誠諦之語인
여래비밀如來秘密 신통지력神通之力이
어찌 허망함이 있으리오.

정수범행을 닦지 않는다면

만약 신명身命을 걸고 정수범행淨修梵行을 닦지 못한다면
상주常住의 원과遠果를 무엇에 의해 이룰 수 있겠는가.
구원실성久遠實成 상주불멸常住不滅의 도리를
어찌 증득證得하겠는가.
자신의 일신一身조차도 건지지 못할진대
어떻게 이타利他가 있겠느냐.

청정한 범행梵行을 닦을 때
제불호념자諸佛護念者가 될 것이요,
또 구원久遠의 불과佛果를 증득할 것이니
어찌 상수범행常修梵行을 닦지 않으리오.
오늘날 상근정진常勤精進에 의해
비로소 상락아정常樂我淨의 열반성涅槃城이 열리리라.

오늘의 방일放逸한 생각이 자신을 묶는 사슬이 되리니
상근정진常勤精進이 없다면 무엇에 의지하여
생사生死의 강을 건너 열반성涅槃城에 이르겠느냐.
아불애신명我不愛身命 단석무상도但惜無上道한다면
머지않아 여래십호如來十號를 얻게 되리라.

법화행자가 되는 길

법화행자가 되는 길은 오로지 굳은 신심으로 상근범행常勤梵行으로 비롯된다.

도량이 좋아서 혹은 스님이 좋아서 라는 이러한 이유는 수행자를 오래 도량에 머물게 할 수 없다. 오로지 굳은 신심으로 묘법연화경을 근수정진勤修精進함에 의해서 가능하다.

세존께서 열반경에서 네 가지 유촉하시기를,

첫째, 법法에 의지하고 사람에 의지하지 말라.

둘째, 요의경了義經에 의지하고 불요의경不了義經에 의지하지 말라.

셋째, 지智에 의지하고 식識에 의지하지 말라.

넷째, 의意에 의지하고 어語에 의지하지 말라.

다시 짚어보면,

첫째, '법에 의지하라'에서 법이란 법본존인 묘법연화경을 두고 하신 말씀이요, '사람에 의지하지 말라'에서 사람은 모든 보살과 아울러 모든 중생을 포함한 것이다.

둘째, '요의경에 의지하라'에서 요의경이란 구경의 진리가 모두 담겨 있는 묘법연화경이요, 불요의경이란 방편으로 설하신 모든 경전이다.

셋째, '지智에 의지하라'에서 지智는 부처님의 지혜이니 부처님의 일체종지가 함장되어 있는 묘법연화경이요, 식識이란 모든 중생들의 알음알이와 사량분별이 된다.

넷째, '뜻意에 의지하라'에서 뜻이란 부처님께서 세상에 출현하신 근본은 중생성불이니 중생성불의 직도인 묘법연화경의 뜻에 의지하고, '말에 의지하지 말라' 하심은 사량분별심에서 나오는 말에 의지하지 말라 하심이다.

이렇게 부처님의 사유촉은 한결같이 부처님의 본의가 묘법연화경에 맞추어져 있음을 알 수 있다. 따라서 법화행자가 됨은 곧 진실한 부처님의 법자가 되는 길이다.

법화행자는 오로지 법화경에 의지하되 잔꾀부리거나 뒤돌아서거나 옆길로 빠지거나 주저앉거나 하지 말고 정면 돌파하는 불자가 되어야 한다.

나무묘법연화경 제목이 법화행자 소지품이요, 의지할 곳이요, 귀의할 곳이니, 한시도 놓치지 말고 받아지닌다면 반드시 속성취불신速成就佛身하리라. 법화행자가 됨은 곧 진실한 불자가 됨을 의미한다.

시방삼세 제불께서 세상에 출현하심은 오직 일불승인 묘법연화경을 설하시어 일체 중생으로 하여금 불도를 이루도록 하기 위함인데 만약 이런 도리를 모른다면 어떻게 진실한 불자라고 할 수 있겠는가.

만약 묘법연화경 근수정진勤修精進이 없다면 중생성불은 기약이 없을 뿐이다.

나무묘법연화경 제목은 중생성불의 직도요, 법재法財 가운데서 가장 귀한 여의보주如意寶珠이니라.
시방제불께서 법화행자를 호념護念하시고 모든 보살을 수호守護하시리라.

나무묘법연화경
나무묘법연화경
나무묘법연화경

나고자 하는 곳에 자재함이라

법화행자는 다음생에 나고자 하는 곳에 자재함이라.
자신의 뜻대로 몸을 받는 것을 수의수생隨意受生이라 합니다. 금생今生에 법화경을 여설수행如說修行하고 광선유포하는 사람은 다음생에 자신의 뜻대로 몸을 받아 법화경을 닦는 정수범행淨修梵行을 하게 됩니다.

법화경에서 이르시기를 이 경을 받아지니는 자는 나고자 하는 곳에 몸을 받는 것이 걸림이 없다고 하셨습니다. 법화행자는 자신의 원願대로 몸을 받게 된다는 것이니, 바로 본화대원本化大願입니다.

원컨대 내가 세세생생 나는 곳마다 항상 묘법에서 퇴전치 않겠나이다.

본불님의 영원한 수명과 같아지고
부처님들 일승一乘을 설함과 같아지며
본화보살 불촉을 받음과 같아지고
적화보살 널리 유포함과 같아져서
시방세계 모든 곳에 몸을 나타내어
일체 중생 남음없이 성불케 하오리.

나의 이름 듣는 자 삼관三觀을 통달하고,
나의 몸을 보는 자 제목을 부를지니,
이와 같이 무량 겁을 항상 교화하여
마침내 중생도 적불도 없어지이다.

원컨대 본불님 위신력을 받사옵고
우러러 삼보님의 가호력을 힘입사와
법화행자의 대원이 원만히 성취케 하여지이다.

이와 같이 법화행자는 본화대원과 같이 수의수생隨意受生하게 됩니다.
시방의 모든 불보살들이 수의수생하여 중생을 제도하여 불도에 들
게 하는 불사佛事를 짓고 계시는 것입니다.
자신의 뜻대로 몸을 받고자 한다면 먼저 법화경에 굳은 신심을 가지
고 경전의 뜻에 따라 수행하고 또 이 경을 널리 유포해야 합니다.

나무묘법연화경 제목을 자신도 부르고 다른 사람의 귀에 걸어주고
입에다 넣어주어야 합니다. 이런 사람이 명命을 마칠 때 일천 부처님
께서 손을 주시어 악도에 떨어지지 않게 하시고 불국토로 인도하신
다고 합니다.

윤회의 닻줄을 법화경으로 끊지 못한다면 도대체 무슨 법으로 끊겠
는가.
금생에 이 대법을 만났을 때 반드시 윤회의 고리를 끊어야 합니다.

윤회는 어떤 경우라도 고통이 따르게 됩니다.

십선을 지어 천상계 몸을 받는다 해도 마침내 오쇠의 고통을 받다가 천상의 업이 다하면 다시 인간계의 몸을 받고 다시 악업을 지어 생로병사의 고통, 사랑하는 사람과 이별하는 고통, 욕심이 한없이 일어나는 고통을 받고, 때로는 아수라의 몸을 받아 매일 싸움질하고 전쟁을 치루는 고통을 받고, 때로는 축생길에 떨어져 작은 것은 큰 것에 먹히고 큰 것은 사람에게 먹히는 먹이의 사슬이 되고, 때로는 아귀의 몸을 받아 항상 굶주리는 고통을 받고, 때로는 지옥에 떨어져 온갖 고통을 갖추어 받게 되는 것이 소위 육도윤회六道輪廻입니다. 여섯 갈래 바퀴돌이라 합니다.

그동안 육도윤회를 하면서 받은 몸의 뼈를 모으면
수미산을 이루고 피를 모으면 큰 바다를 이룬다 합니다.
윤회길은 어디에 몸을 받더라도 괴로운 고통을 받는 것이
마치 불난 집에 사는 것과 같은 것입니다.

금생에 인간의 몸을 받았을 때 법화경 만났을 때
윤회의 닻줄을 반드시 끊어야 합니다.
윤회의 근본은 집착과 무지입니다.
온갖 것에 탐욕심을 내어 집착하고
또 탐욕심으로 지혜의 눈을 가려 버렸으니
이러함이 원인이 되어 윤회길에 들어
여섯 갈래 바퀴돌이에 빠지게 된 것입니다.

법화행자는 이제 윤회의 사슬을 끊고
자신이 나고자 하는 곳에 몸을 받아서
많은 중생을 제도 해탈케 해야 합니다.
그야말로 수의수생隨意受生하여
묘법을 여설수행如說修行하고 광선유포廣宣流布하는 불사를
마다하지 말아야 합니다.

나무묘법연화경 나무묘법연화경 나무묘법연화경

부처님의 열반은 대자비이시다

죽기 싫어도 죽지 않을 수 없어 죽는 것이 곧 죽음이다.
세존의 열반涅槃의 모습은 중생을 교화하기 위한 하나의 방편일 뿐
이며 진실로는 열반하심이 없다.

"만약 여래가 항상 머물고 멸하지 않음을 보게 되면 곧 교만하고 방
자한 생각을 일으키어 싫어하고 게으름을 품고 만나기 어려운 생각
과 공경하는 마음을 내지 아니하리라.
모든 비구여, 여래를 가히 얻어 보기 어렵다 하느니라.
이 중생들이 이와 같은 말을 들으면 반드시 마땅히 만나기 어렵다는
생각을 내어 마음에 사모함을 품고 부처님을 우러러 목마르게 생각
하며 선근을 심느니라.
이런 까닭으로 여래는 비록 진실로 멸도하지 아니하나 그러나 멸도
한다 말하느니라.
또 선남자여, 모든 부처님 여래의 법이 모두 이와 같아서 중생을 제
도하기 위함이니 모두 진실하여 허망하지 아니함이니라."

따라서 멸도減度함을 보이시는 것이 곧 대자비大慈悲이시다.
구원久遠의 본불本佛께서 항상 머물고 계시는 이 적광토寂光土를 두고
또 다시 다른 불국토를 찾겠는가.
약사여래의 유리세계 아미타불의 극락세계는 학생들을 위한 하나의

방편이시라. 사바즉적광娑婆卽寂光이니라.

열반사덕涅槃四德: 상락아정常樂我淨

상바라밀常波羅蜜: 과거·현재·미래 삼세를 통하여 사라지지 않고 항
　상함의 덕德이다.

낙바라밀樂波羅蜜: 모든 괴로움을 벗어나 생사를 초월한 극락의 덕德
　이다.

아바라밀我波羅蜜: 작은 소아小我의 틀에서 벗어나 모든 속박에서 벗
　어난 우주의 대아大我를 실현한 덕德이다.

정바라밀淨波羅蜜: 모든 번뇌를 제거한 청정무구淸淨無垢의 덕德이다.
　석가모니 본불님이 곧 불괴不壞의 법신불法身佛이요, 이 사바세계
　가 곧 불괴의 적광토寂光土이다.

묘법은 어디에서 왔으며

묘법은 어디에서 왔으며
어느 곳으로 가서 이르며
어느 곳에 머무나이까.

이 경은 본래 모든 부처님의 궁궐 가운데로부터 좇아 와서
일체 중생이 깨달음의 마음을 일으키는 데로 가서 이르며,
모든 보살이 행하는 곳에 머무느니라.
_ *무량의경에서*

이 묘법은 모든 부처님께서 깨달으신 구경의 법이니
모든 부처님의 궁궐 가운데서 왔다 하심이요,
제법실상諸法實相의 도리는 부처님과 더불어
부처님만이 깨달아 다하신 진리이니
부처님의 궁궐 가운데서 온 것이며

모든 중생들이 무상도無上道를 깨닫고자 함이 곧 제법실상이니
일체 중생이 보리심을 일으키는 데에 이르며

모든 보살의 수행의 근본이요 당체가 제법실상이니
모든 보살이 행하는 곳에 머문다 하심이라.

결국 제법실상의 도리는 모든 부처님께서 깨달으신 구경의 진리이며,
또한 부처님의 당체이며
제법실상은 일체 중생이 깨닫고자 하는 근본 진리이며
제법실상은 모든 보살의 수행의 근본이며 수행의 당체입니다.

모든 보살은 제법실상의 진리를 일체 중생으로 하여금
깨닫게 하고자 하는 불사를 짓고 있기 때문에
보살이 행하는 곳에 머문다 하심입니다.

제법종본래 諸法從本來　　상자적멸상 常自寂滅相
불자행도이 佛子行道已　　내세득작불 來世得作佛

모든 법이 본래부터 항상 스스로 적멸상이니
불자가 이런 도를 닦으면 내세에 부처됨을 얻으리라.
_ *방편품에서*

위의 말씀이 곧 모든 보살이 행할 바 도이니
바로 제법실상의 도입니다.
이러한 도를 수행하면
반드시 성불하게 됩니다.

원교보살의 서원

청정원만보리지심 淸淨圓滿菩提之心
무연자비무작서원 無緣慈悲無作誓願
일념차중일체만행 一念此中一切萬行
제바라밀원만성취 諸波羅蜜圓滿成就
일체종지속성증득 一切種智速成證得
법계일체중생도탈 法界一切衆生度脫

청정원만 보리심으로
무연 자비심을 베풀고
한 생각 가운데 일체 만행을 하고
모든 바라밀을 원만히 성취하여
일체종지를 속히 증득하여
법계의 일체 중생을 제도 해탈케 하리라.
_ 법화현의에서

청정원만이란 저마다 이미 갖추고 있는 자성입니다.

어디에도 물들지 않고 두루 가득 차 있습니다. 여기에서 보리심 내
고 무연 자비심을 베푼다 함은 인연이 있든 없든 차별하지 않고 내
는 자비심입니다. 무작서원이란 서원을 세우되 거기에 집착하지 않
는 것입니다.

한 생각 가운데서 일체 만행을 한다 함은 한 생각 실상을 깨달으면 선악의 차별이 떨어져 손가락 한 번 튕길 순간에 모든 만행을 하게 됩니다.

모든 바라밀이란 보살들이 닦는 육바라밀과 또한 방편바라밀, 원바라밀, 지바라밀, 력바라밀 등이 있습니다.

이러한 모든 바라밀을 원만히 닦음이 원교보살도입니다.

일체종지를 속히 증득한다는 것은 곧 제법실상을 깨달아 적멸寂滅의 도리에서 보는 견해입니다.

법계의 일체 중생을 제도 해탈케 함이 곧 불보살이 세상에 나오는 근본입니다. 이를 일대사인연一大事因緣이라 합니다.

여기서 제도한다는 것은 모든 고통에서 건지고 생사윤회에서 건지는 일이며, 해탈은 성불을 의미하고 있습니다.

모든 중생을 고통에서 건지고 생사의 강을 건너게 해서 불도에 들게 함입니다.

누가 깨달음의 정의를 묻는다면 자성을 깨닫는 것이니 곧 적멸을 깨닫는 것이요 마음의 실상을 깨닫는 일입니다.

제법실상을 깨달아 내는 마음은 밝고 밝아서 십법계를 두루 통하게 됩니다.

법보화法報化 삼신불三身佛

시회 대중들아, 잘 들어라.
이제 그대 가운데 있는 부처를 깨치게 하리라.
그대 가운데 이미 법보화 삼신이 머물고 있느니라.

시시각각 환경 따라 변화하는 것이 화신불化身佛이요
보는 성품 듣는 성품 향기 맡는 성품 등은 보신불報身佛이며
화신과 보신을 담고 있는 육체가 법신불(法身佛)이니라.

다시 말하리라.
여시상如是相은 화신불化身佛이요
여시성如是性은 보신불報身佛이며
여시체如是體는 법신불法身佛이니라.

이렇게 사람들 가운데 삼신이 머물고 있느니라.
정수범행淨修梵行을 닦으면 깨칠 수 있으나
닦지 않으면 아승지 겁이 지나도 알지 못하리라.

근수정진勤修精進하면 삼신불이 머무는 거룩한 법당이 되나
닦지 않으면 마구니가 살고 있는 소굴이 되리라.

묘법妙法을 상근정진常勤精進하면
영원상주하는 법신法身이 되나
닦지 않으면 생로병사生老病死의 고신苦身이 되리라.

여래의 성제지어誠諦之語를 믿고 따르면
고불古佛이 머물고 있는 거룩한 도량이 되나
닦지 않으면 마왕이 살고 있는 소굴이 되리라.

식중덕본植衆德本하고 육근을 잘 다스리면
삼신三身이 담기는 법기法器가 되나
잘못 다스리면 도적이 드나드는 문이 되리라.

자부慈父의 금언을 믿고 근가정진勤加精進하면
이 육신이 공덕수功德樹가 되고 보리수菩提樹가 되나
닦지 않으면 잡초가 무성하리라.

묘법妙法을 믿고 종제선근種諸善根하면
대성인이 머무는 당처가 되나
닦지 않으면 불난 집이 되리라.

자아득불래自我得佛來를 깨달아 증득하면
이 육신이 고불古佛이 살고 있는 청정도량이 되나
닦지 않으면 윤회 가운데 빠진 고신苦身이 되리라.

마음을 다스리는 법

심心은 의왕醫王이요
병病은 도둑과 같다.
왕王이 주住하는 곳에는 도둑이 바로 흩어진다.

일체 모든 법이 공하여 있는 바가 없고
항상 머물러 있음도 없고
또한 일어나고 멸함도 없으니,
이것이 지혜로운 자의 친근할 곳이라 이름하느니라.
뒤바뀐 마음으로 모든 법을 있다 없다
이는 실상이다 실상이 아니다
이는 난다 나지 않는다 분별하니,
한적한 곳에 있으면서 그 마음 닦아 다스리고
편안히 머물러 움직이지 않기를
수미산과 같이 하며
일체법을 관하되 모두 있는 바가 없으니,
마치 허공과 같아서 견고함이 있을 수 없으며
불생불출不生不出 부동불퇴不動不退하여
항상 한 모양(一相)에 머문다 함을
이것을 친근할 곳이라 이름하느니라.
_ 안락행품에서

법화행자의 행

법화행자는 세상 욕락에 탐착하지 아니하고
모든 악지식을 멀리하며
이 사람은 마음의 바탕이 곧아
바른 기억과 생각함이 맑아 복덕이 있고
삼독의 괴로움도 받지 아니하며
또한 질투와 아만과 삿된 교만과
증상만의 괴로움도 받지 않느니라.
이 사람은 욕심이 적고 만족함을 알아
능히 보현의 행을 닦느니라.

법화행자는 오래지 않아 마땅히 도량에 나아가서
모든 마군의 무리를 파하고 무상보리를 얻어
법륜을 굴리며 법북을 치고
법소라를 불며 법비를 내리게 하며
마땅히 인천의 대중 가운데서 사자법좌에 앉으리라.

법화경을 받아지니고 읽고 외우며 베껴쓰는 사람은
의복과 침구와 음식과 생활하는 물품에
탐착을 아니해도 원하는 바가 헛되지 아니하며
또한 지금 세상에서 그 복의 과보를 얻으리라._보현보살권발품에서 법화행자는 법화경을 여설수행 광선유포해야 합니다.
이런 수행이 곧 보현보살의 행이요 원력입니다.
보현보살의 실천행이 곧 법화행자의 근본이요 생명력입니다.

마음의 실상實相을 깨달아 증득한 사람은
모든 경계에 묶이지 않고
어떤 경우에도 긍정적인 생각을 합니다.
경계에 집착하면 필연적으로 고통이 따르게 됩니다.
마음과 부처와 묘법연화경 이 셋이 일여一如임을 깨달으면
세상살이가 곧 묘법연화경의 사연입니다.
따라서 묘법연화경 속의 사연이
곧 자신의 사연이요, 자신의 일기장 속의 사연입니다.

어떤 불자가 스님에게 묻기를

불자: 스님은 성불하셨습니까?

스님: 묻는 그 놈이 부처이니라.

불자: 부처 아님은 누구입니까?

스님: 묻는 그놈이 부처가 아니니라.

불자: ……?

스님: 주장자 삼십방이요, 추麤가 곧 묘妙이고 상대相待가 곧 절대絶待

　　　이니라.

불자: ……?

스님: 새는 진종일 울어도 눈물이 보이지 않네.

원교圓教

법화경을 받아지니고 수행하는 보살을 일컬어
원교보살圓敎菩薩이라 한다.
원교보살은 막히고 걸릴 것이 없이 두루 통하고 수용하되
집착하지 않고 기울지 않는다. 그야말로 중도中道를
체로 삼고 용用으로 삼는다. 그러므로 묘妙라 한다.

별교別敎는 방편문方便門을 쫓아 꾸불꾸불한
작은 길로 멀리 돌아가고 이로 말미암아 졸렬하므로
추麤한 것이 된다.
원교圓敎는 곧은 문直道이므로 묘妙가 된다.
원교의 계위는 처음부터 마지막에 이르기까지 모두
진실한 설법이므로 모두 다 묘妙가 된다.
세존께서 방편을 열어 쓰심은 한결같이 진실한 법인
묘법으로 인도하고자 하심이다.
추를 열어서 묘를 드러내심이니 이를 개추현묘開麤顯妙라 한다.

설산인욕초 雪山忍辱草　　우음제호득 牛飮醍醐得
원교불방편 圓敎不方便　　불성즉회복 佛性卽回復

설산雪山에 인욕초忍辱草가 있는데

333

소가 만약 먹으면 제호醍醐를 얻는다고 한다.
원교도 이와 같아 방편교를 거치지 않고 중도中道의 지혜를 얻는다.
유乳 낙酪 생소生蘇 숙소熟蘇 등 사미四味를 거치지 않고
제호醍醐를 바로 얻는 것과 같이
원교는 방편교를 거치지 않고 바로 불성佛性을 회복한다.

원교는 실상實相을 증득하므로
생사즉열반生死卽涅槃이요
번뇌즉보리煩惱卽菩提이다.
이 도리를 깨달으면 중도의 지혜를 얻는 것이다.
바로 대백우거大白牛車를 타고 직지도량直至道場함이다.

원교는 곧 바로 실상을 깨달아 증득하므로
온갖 보배로 치장하고
또 많은 시종꾼이 이를 모셔 호위한다고 한다.
또 중도의 지혜에 물듦이 없음을 희다(白)고 하고
번뇌(惑)를 부숨을 힘이 세다고 하며
어디에 집착하고 기울어짐이 없기에 고르다(平正)고 하고
법신을 회복함이 바람과 같이 빠르다고 한다.

지혜 있는 자는

어려움이 앞에 왔을 때

지혜 있는 자는 방법을 찾고
어리석은 자는 핑계를 찾는다.

지혜 있는 자는 여래의 방으로 들어오는데
어리석은 자는 밖에서 빙빙 돈다.

지혜 있는 자는 진리의 양약을 먹는데
어리석은 자는 멀리서 구경만 한다.

지혜 있는 자는 불난 집을 뛰쳐나오는데
어리석은 자는 불난 집에서 희희낙락하고 있다.

지혜 있는 자는 일불승—佛乘을 타는데
어리석은 자는 이승 삼승에 집착한다.

지혜 있는 자는 자신의 옷 속에 보배구슬이 매여 있는 줄 알고
어리석은 자는 하루 품삯에 매달린다.

지혜 있는 자는 자신이 주인이 되고자 하고
어리석은 자는 자꾸만 시종이 되려고 한다.

지혜 있는 자는 마음을 다스리고
어리석은 자는 경계에 끌려간다.

지혜 있는 자는 열반성涅槃城에 드는데
어리석은 자는 여섯 가지 바퀴돌이에 빠진다.

지혜 있는 자는 사바세계를 상적광토로 수용하는데
어리석은 자는 사바예토로 수용한다.

지혜 있는 자는 묘법을 굴리는데
어리석은 자는 묘법에 굴림을 당한다.

불법은 산수로 답을 구하지 말라

불법은 산수로는 답이 없다.
다즉일多卽一이요 일즉다一卽多이다.
찰나가 무량겁이요 무량겁이 찰나이다.
작은 물방울이 모여 바다가 되고
바닷물을 세분하면 작은 물방울이다.
찰나 찰나가 모여 무량겁이 되고
무량겁을 세분하면 찰나 찰나이다.
따라서 불법에서 산수로 계산하지 말라.

번뇌즉보리 煩惱卽菩提
생사즉열반 生死卽涅槃
중생계즉불계 衆生界卽佛界
사바즉적광 娑婆卽寂光
이런 도리를 깨치는 것이 원교圓敎의 살림살이니라.

짧은 것에 매달리는 것을 보고
긴 것을 나투시고 긴 것이 나타나자
긴 것마저 버리셨네.

발심수행장發心修行章

세간의 시끄러움을 버리고 천상세계 가는 데는
계행戒行이 가장 좋은 사다리가 됨이니,
이러한 까닭으로 계를 깨뜨리고
남의 복밭이 되려 함은
날개 끊어진 새가 거북을 등에 업고 나는 것과 같음이라.
자기 죄를 벗지 못하면 남의 죄도 바꾸지 못함이라.
그러니 어찌 계행이 없이 남이 주는 공양을 받으리오.

수행이 없는 빈 몸은 길러 보아도 이익이 없고
덧없는 뜬 목숨은 사랑하고
아껴보아도 보전치 못하느니라.
용상龍象의 덕을 바라거든
능히 오랜 고통을 참고
사자좌를 기약하려거든
길이 욕심과 쾌락을 저버려라.

행자의 마음이 깨끗하면 모든 하늘이 칭찬하고
도인이 색을 생각하면 선신들이 버리고 떠나가리라.
사대四大의 몸이 홀연히 흩어지니
오래 머무르게 보전하지 못하나니

오늘 벌써 저녁이어서 자못 아침이 다가오네.
세상의 즐거움 뒤에는 고통이거늘 어찌 탐착하며
한 번 참으면 길이 즐거움이 되거늘
어찌 닦지 아니하리오.

_ 해동사문 원효 술述

초발심 자경문自警文

주인공主人公아, 나의 말을 들어라.
수많은 사람들이 공空한 문 가운데서 도道를 얻거늘,
너는 어찌하여 고통과 번뇌의 세계에서
오래도록 윤회하고 있는가?

그대 스스로 비롯함 없는 옛적부터 금생에 이르기까지
깨달음을 등지고 번뇌에 계합하여
우매하고 어리석음에 빠져
항상 여러 가지 악업을 지었으므로
삼악도의 고통에 돌고 있으며
모든 선을 닦지 아니하므로
사생四生의 업의 바다에 잠기었구나.

몸은 여섯 가지 도적을 따르므로
혹은 악한 세상에 떨어져
지극히 괴로운 고통에 빠졌으며,
마음은 일승一乘을 등진 까닭으로
혹은 사람의 세계에 태어나더라도
부처님 나시기 전이거나 후가 되는구나.

340

이제 다행히 또 사람의 몸을 받았으나
부처님 가신 뒤의 말세이니
애달프고도 슬프구나.
이것이 누구의 허물인가.

비록 그렇다고 해도 그대가 능히 돌이켜서
정을 끊고 출가하여 발우를 가지고
법복을 입어 속세를 등지고 나오는 지름길을 찾아서
번뇌 없는 묘법妙法을 배우면
용이 물을 얻은 것과 같고
범이 산에 들어간 것과 같음이라.
그 묘한 도리의 수승함은 가히 말로 다할 수 없느니라.

_ 야운비구野雲比丘 술述

행복이란

으뜸가는 행복에 대하여 말씀하여 주옵소서.

널리 배우고 익혀 자신의 재능을 잘 개발하고
계율을 잘 지키며 좋은 말 하는 것,
이것이 으뜸가는 행복이다.

항상 다른 이를 공경할 줄 알고
겸손하여 만족할 줄 알고 감사할 줄 알며
알맞은 때에 바른 법문法問을 듣는 것,
이것이 으뜸가는 행복이다.

열심히 정진하여 청정한 삶에 머무르고
고귀한 진리를 이해하여
바른 깨달음을 성취하는 것,
이것이 으뜸가는 행복이다.

_ 숫타니파타

파사현정

파사현정破邪顯正이란 삿됨을 파하고 바름을 드러낸다는 뜻이다. 수행자에게 삿됨과 사견邪見은
정법을 행함에 큰 장애가 될 수 있기 때문에
먼저 잘못된 사견을 과감히 버려야 한다.

우선 사람을 망가지게 하는 것은 탐진치貪瞋癡의 삼독심三毒心이다.
탐내는 마음은 베풀고 보시하는 마음으로 고쳐야 하고
화내는 마음은 인욕과 자비심으로 고쳐야 하며
어리석은 마음은 정법 수행의 지혜로써 고쳐야 한다.
사견은 자기중심적인 마음에서 비롯된다.
내가 얼마나 가졌는데, 내가 얼마나 배웠는데,
내가 얼마나 지혜가 있는데 하는 아만심에서 사견이 자라나
그릇된 생각에서 모든 삿됨이 비롯된다.

불교 수행은 혼자 하지 말고 먼저 선지식을 만나 지도를 받아야 하고,
여러 도반들과 같이 하면서
자신을 낮추고 남을 배려하는 자세부터 먼저 가져야 한다.
자신의 허물은 자신의 눈에서 보이지 않는 법이다.
눈에서 가장 가까운 눈썹을 볼 수 없듯이
자신의 삿됨을 스스로 볼 수 없다.

그래서 스승 없이 공부하는 경우를 마의 권속이라 한다.
만약 선지식을 만나지 못했을 때에는
오로지 법화경을 스승으로 삼아야 한다.
시방 삼세 제불께서도 법화경을 스승으로 삼고 수행하여
성불하셨기 때문이다.
법화경은 제불을 낳는 모태母胎이시고 종자種子이시다.

한 마음 삿된 소견을 가질 때 마구니가 사는 집이 되고,
한 마음 법과 같이 정당할 때 불보살이 머무는 당처가 된다.
작은 부싯돌 불씨가 온 산을 태워버리듯
작은 삿된 소견일지라도 공덕의 숲을 모두 태우게 되고,
작은 솔씨가 낙락장송이 되듯이
작은 정견의 공덕이 쌓여서 마침내 부처를 이루게 되는 것이다.

오탁악세에는 사견을 가진 자들이 대지 위에 흙과 같고
정법 정견을 가진 자는 발톱 위에 흙과 같다 라고 하셨다.
악세중비구惡世中比丘, 악한 세상 가운데 비구는
사지심첨곡邪智心諂曲, 삿된 지혜로 마음이 아첨하여
미득위위득未得謂爲得, 아직 얻지 못한 것을 얻었다 하며
아만심충만我慢心充滿, 나라는 교만심이 가득하고
이렇게 사견 가진 비구가 정법을 헐어 비방하는 시대가
바로 오탁악세이다.
파사현정破邪顯正, 삿됨을 파하고 바름을 드러냄이
오늘날 법화행자의 몫이 아닐 수 없다.

344

묘법연화경을 받아지녀 바르게 수행하면
법과 같이 보는 눈이 열리게 되고
법과 같이 사유思惟하고
법과 일치하는 말을 하고 정업을 짓게 되고,
법과 같이 정당한 생활을 하게 되고
법에 의하여 정진수행하고
법과 같이 생각하고
법과 같이 마음의 안정을 찾게 된다.

인즉시불人卽是佛

사람이 곧 부처다. 불교는 어떤 신을 믿는 종교가 아니다.

사람이 정수범행淨修梵行을 닦아 부처가 됨을 구경지究竟地로 삼고 있다. 석가 세존께서도 사람으로 세상에 오셨다.

출가하시어 깨닫고 보니 이미 백천만억 나유타 아승지 겁 전부터 부처였다는 것이다. 이런 진리가 법화경의 핵심 진리이다. 소위 여래수량품에서 밝히신 구경의 교리이다.

어떤 타종교 믿는 사람이 스님에게 말하기를, 우리는 절대신을 믿는데 불교는 사람을 믿고 있다고 했다.

그때 스님은 허깨비 같은 신을 믿는 것보다 깨달은 분이 밝히신 진리를 믿는 것이 어떠냐고 했다.

우리 불교는 절대신을 믿는 종교가 아니다. 사람이 구경의 진리를 깨달으면 곧 부처요, 부처가 미혹하면 사람이다. 그래서 불교를 믿는 것으로 끝나는 것이 아니라 그 가르침에 따라 수행하여 구경의 진리를 깨달아 부처가 됨을 구경지로 삼고 있다. 깨닫는 종교이다.

불상을 모셔놓고 예배 공양드림은 어떤 절대신으로서가 아니다. 사람이 깨달으면 부처를 이룰 수 있다는 사실을 이 세상에 밝혀주신 큰 스승으로 경배드리는 것이다.

사람이 악을 지어 쌓이면 악도에 들게 되고 선을 지어 쌓이면 부처가 되는 것이다.

부처님은 세 가지 덕을 구족하신 분이다.
첫째는 주인의 덕이요(主德)
둘째는 스승의 덕이요(師德)
셋째는 부모의 덕이다(親德)
이를 주사친主師親 삼덕을 갖추신 분이라 한다.
부처님의 가르침을 따르면
모든 고통에서 벗어날 수 있고
생사의 강을 건널 수 있으며
부처를 이룰 수 있다.
이런 도리를 먼저 깨달으시고 밝혀주신 부처님께 어찌 경배드리지
않겠느냐. 이 삼계에 살고 있는 모든 중생은 모두 나의 아들이다. 나
는 모든 중생의 아버지라 선언하심은 모든 중생이 성불할 수 있음을
의미하고 있다. 왜냐하면 부처님 아들은 부처가 되어야 하고 하나님
아들은 하나님이 되어야 하고 임금 아들은 임금이 되어야 하기 때문
이다.
이런 도리가 순리요 진리다.

불교는 부처님에 의해 세상에 나왔지만 중생들을 위해 존재 가치성
이 있는 것이다. 만약 부처님을 위해 불법이 존재한다면 이는 절대
신을 믿고 복종하는 타종교와 다를 바가 없다. 일체 중생이 모든 고
통에서 벗어나 생사의 윤회를 끊고 마침내 열반성涅槃城에 듦이 불교
가 세상에 존재해야 할 가장 귀중한 가치성이다.

불교는 인본존을 중심으로 하고 있다.

사람이 근본이다. 사람으로부터 시작하여 사람을 위해 머물다가 사람을 위해 세상에 존재하고 유포되고 있다.

만약 사람이 부처가 될 수 없다면 팔만 대장경은 전부 허구이다. 그러나 염려할 필요가 없다. 사람이 부처가 되는 문이 항상 열려 있음을 설하고 계신다. 팔만 사천 법문이 한결같이 사람이 부처되는 길을 일러 놓으신 것이다.

중생계즉불계衆生界卽佛界라, 모든 중생계가 곧 불계이다.

모든 중생계는 불계를 갖추고 있고 또한 불계는 중생계를 함장하고 있다. 이를 십계호구十界互具라고 한다.

지옥계는 지옥계대로 불계를 갖추고 있고, 아귀계, 축생계도 그대로 불계를 갖추고 있다. 모든 중생계가 저마다 불계를 갖추고 있는 것이다.

법화경 여래수량품에서 이르시기를

"내가 진실로 성불하여 옴이 한량없고 가이 없는 백천만억 나유타 겁이니라.(아실성불이래我實成佛已來 무량무변無量無邊 백천만억百千萬億 나유타겁那由他劫)"

이는 석가모니 부처님께서 보리수 아래서 육 년간 고행을 하시고 비로소 처음 성불하신 것이 아니라 진실로 성불해 옴이 무량무변 백천만억 나유타 겁이라는 말씀이다. 본래성불, 즉 본불임을 밝히신 말씀이다.

보리수 아래서 성불함을 보이심은 중생을 제도하기 위한 방편보리方便菩提라는 말씀이다.

여기서 아실我實의 아我는 석가모니 부처님 자신을 두고 하신 말씀이나 중생계즉불계衆生界卽佛界의 입장에서 볼 때 아我는 십법계十法界의 아이며 저마다 모두의 아가 된다. 실實이란 거짓이 없는 진실된 말씀이며 성成이란 연다는 뜻이니, 이러한 진리를 연다는 뜻이다. 불佛이란 이 뜻을 깨달아 아는 사람을 부처라 한다.

십법계 모든 중생이 이미 부처를 이루고 옴이 백천만억 나유타 아승지 겁이라, 이런 진리를 깨달아 아는 분을 불佛이라 한다. 이렇게 볼 때 사람이 곧 부처와 둘이 아니다.

불교의 구경의 진리가 바로 법화경이요 여래수량품이 된다.

혜성

법철 스님으로부터 대승 구족계를 수계(무인년)하였으며, 이후 오로지 법화살림을 수행방편으로 삼아 정진하고 있다.

현재 법화도량 삼불사 주지, 대승연화종 총무원장, 교도소 교정위원으로 있으면서 '나무묘법연화경' 포교에 매진하고 있다.

펴낸 책으로 『묘법연화경 한글 한문 합본』(40,000원), 『묘법연화경 한문본』(25,000원), 『묘법연화경 한글본』(25,000원), 『묘법연화경 강설』(전4권 60,000원), 『양약을 먹지 않는 지구촌놈들』(10,000원), 『묘법연화경 한문 사경용』(70,000원), 『묘법연화경 한글 사경용』(60,000원), 『법화경 신행요문』(10,000원), 『부처가 중생의 탈을 쓰고』(상하 각 8,000원), 『풍경소리』(10,000원) 등이 있다.

법화도량 삼불사

경남 함안군 산인면 입곡본2길 64
www.sambulsa.or.kr
전화 055-583-3107, 팩스 055-583-6885

산사의 향기

초판 1쇄 인쇄 2014년 4월 23일 | **초판 1쇄 발행** 2014년 4월 30일
지은이 혜성 | **펴낸이** 김시열
펴낸곳 도서출판 운주사

(136-034) 서울시 성북구 동소문로 67-1 성심빌딩 3층

전화 (02) 926-8361 | **팩스** 0505-115-8361

ISBN 978-89-5746-375-8 03220　값 15,000원
http://cafe.daum.net/unjubooks 〈다음카페: 도서출판 운주사〉